Zu diesem Buch

Jede dritte Frau wird einmal im Leben Opfer sexueller Gewalt. Täglich berichten die Zeitungen von Vergewaltigungen und doch sind diese gerichtsnotorischen Gewalttaten nur die Spitze des Eisbergs. Kein anderes Delikt hat eine so hohe Dunkelziffer, wird so selten von den Opfern angezeigt, von den Staatsorganen geahndet. Nur wenige der betroffenen Frauen sind in der Lage, über die erlittene Demütigung zu berichten, weil sie zu sehr von Selbstzweifeln geplagt, auf Unglauben und Desinteresse ihrer Umwelt gefaßt sind. Die meisten schweigen.

Theresia Brechmann hat sich entschlossen, das Schweigen zu durchbrechen, um ihrer eigenen Heilung willen, aber auch, um ihre ahnungslose, selbstgefällige «progressive» Umgebung aufzustören. Es fällt schwer, über die Tat zu sprechen, noch schwerer, von all den kleinen, zerstörerischen und beschämenden Folgen zu berichten, von der sozialen Krise, die die Opfer sexueller Gewalt notgedrungen erleben.

Theresia Brechmann, geboren 1955, lebt in einer Wohngemeinschaft in Bielefeld, arbeitet in der freien Altenpflege, ist aktiv in der Ökologie-Bewegung.

Zum Thema bei Frauen aktuell erschienen:

Cheryl Benard / Edit Schlaffer:
Die ganz gewöhnliche Gewalt in der Ehe
Texte zu einer Soziologie von Macht und Liebe (4358)

Barbara Kavemann / Ingrid Lohstöter: Väter als Täter
Sexuelle Gewalt gegen Mädchen (5250)

Sibylle Plogstedt / Kathleen Bode: Übergriffe
Sexuelle Belästigung in Büros und Betrieben (5353)

Theresia Brechmann

Jede dritte Frau
Protokoll einer Vergewaltigung

Rowohlt

rororo aktuell – Herausgegeben von Freimut Duve

Frauen aktuell
Herausgegeben von Susanne v. Paczensky

Wir gehen davon aus, daß der Kampf um Menschenrechte notwendig auch ein Kampf um Frauenrechte sein muß. Wir wissen, daß Frauen speziellen Formen der Unfreiheit und der Ungerechtigkeit unterworfen sind, daß ihre Beteiligung am politischen Handeln auf besondere Hindernisse stößt. Diese Hindernisse sichtbar zu machen, wo möglich abzubauen – durch Erfahrungsberichte, Erklärungsversuche und Lösungsvorschläge – ist das Ziel von «Frauen aktuell».

16.–23. Tausend März 1987 (Erweiterte Fassung)

Veröffentlicht im Rowohlt Taschenbuch Verlag GmbH,
Reinbek bei Hamburg, März 1987
Copyright © 1981 by Rowohlt Taschenbuch Verlag GmbH,
Reinbek bei Hamburg
Originalausgabe
Alle Rechte vorbehalten
Umschlagentwurf Jürgen Kaffer / Peter Wippermann
(Foto: Monika Zucht / DER SPIEGEL)
Satz Bembo (Linotron 404)
Gesamtherstellung Clausen & Bosse, Leck
Printed in Germany
780-ISBN 3 499 12137 9

Inhalt

Neun Jahre später
Statt eines Vorworts – ein Gespräch 7

I. Die Vergewaltigung
Ein Tag im September 1978 18
Wie es dazu kam 26
Erfahrungen mit Gewalt 31
Die Tage danach 36
Die Anzeige 40

II. Die anderen
Die alten Freunde weichen zurück 48
Die Familie schweigt 54

III. Die Angst
Immer mehr Panik 60
Im Kampf mit der Angst 65
«Wie es mir passierte» *von Ute* 68
Wir wollen uns verteidigen 73
Schwule Freunde 77
Doris und andere Frauen 78

IV. Die Verhaftung
Der Täter wird entdeckt 84
Einen Menschen in den Knast bringen? 89
Der Prozeß wird vorbereitet 92
Vom Abbau der Angst 95
Selbstverteidigung für Frauen 100

V. Der Prozeß
Die erste Verhandlung 102
Die Wut der Frauen 107
Die zweite Verhandlung 111
Die Notrufgruppe Bielefeld 116
Warum es Männer angeht 119

Notrufgruppen in der Bundesrepublik 122

Neun Jahre später
Statt eines Vorworts – ein Gespräch

Susanne v. Paczensky: Das gewaltsame Ereignis, das diesem Buch zugrunde liegt, geschah vor neun Jahren. Das Buch selbst erschien zum erstenmal 1981 und hat mit dazu beigetragen, den Schrecken und die Folgen einer Vergewaltigung ins öffentliche Bewußtsein zu heben. Es erscheint heute in neuer Auflage, weil die Erfahrungen weiterhin bedeutsam sind. Und doch sind neue Erfahrungen hinzugekommen.

Theresia Brechmann: Zunächst war das Buch für mich wichtig und, wie ich glaube, für die Frauenbewegung ganz allgemein. Aber auf Grund der Briefe und Anrufe, die ich erhalten habe, weiß ich jetzt, daß es am wichtigsten für alle betroffenen Frauen war. Sie konnten sich am ehesten mit dem ganz einfachen Bericht identifizieren: was passiert, wenn eine Frau vergewaltigt wird und sich nicht mehr im Alltag zurechtfinden kann. Als ob das, was ich gesagt habe, wie ein Pfeiler war, wo sie sich erst mal dran festhalten konnten und sagen: «So ist das! So hab ich das auch erlebt.» All ihre Angst, die ich ja vielfach in dem Buch beschrieben habe, wird zur Normalität. Sie dürfen diese Angst auch haben.

Es ist ja nicht nur von den Ängsten und Leiden die Rede, sondern auch von der Zeit, von der langen Dauer, die soviel Ungeduld hervorruft. Der Verletzungsprozeß ist nicht mit der Vergewaltigung beendet, sondern setzt sich noch lange weiter fort. Selbst wenn sich das Leiden wegstecken läßt, kommt es oft Jahre später wieder hervor.

Ich habe viele Frauen getroffen, die als Kind mißbraucht wurden und denen es erst durch meine Erzählung wieder eingefallen ist; die sich jetzt erst erlauben können, darüber zu reden und auch Hilfe einzufordern. Wenn man nicht viele Freunde hat, die einem helfen, dann kann man daran zugrunde gehen. In meinem Beruf als Altenpflegerin bin ich vielen Frauen begegnet, auch in der Psychiatrie, die mir plötzlich sagten: «Ja, vergewaltigt worden bin ich auch mal.» Was zuvor nur wie eine Bagatelle in einer Schicksalsreihe von Lebensdaten gesehen wurde, erschien plötzlich wie ein ganz wichtiger Punkt. Es war wie ein Aufatmen für die Frau, das endlich mal rauslassen zu können. Wie eine Explosion kamen erschütternde Erlebnisse heraus, oft unter Tränen. Die Frauen haben gezittert und geschwitzt, weil ihre ganze Angst zum erstenmal geballt herauskam. Das hat mich sehr erschüttert, daß es so viele gibt, die sich niemals erlauben durften, darüber zu sprechen.

Die vergewaltigte Frau ist auf die Hilfe, auf die Duldsamkeit und das Verständnis anderer Menschen angewiesen, vor allem auf die, die ihr nahestehen. Also gehören auch die Mütter und Ehemänner, die Geliebten und Freunde der Betroffenen zu den Adressaten des Buches?

Eine Frau ist oft gar nicht in der Lage, ihrem Partner zu erklären, was in ihr vorgeht. Sie hat zwar überlebt, versucht jetzt mit aller Kraft stark zu sein und dem absoluten Schock, unter dem sie steht, nicht zu erliegen. Das wird oft nicht verstanden. Man hofft, daß die Frau sich erholt und nach ein paar Wochen wieder umgänglich und freundlich im Alltag lebt. Der Zusammenbruch kommt manchmal erst Monate oder Jahre später und wird nicht mehr im ursächlichen Zusammenhang erkannt. Die Frau versucht immer wieder, sich zusammenzureißen und reißt dabei innerlich. Die Seele reißt sehr langsam. Das ist ein ganz wichtiger Punkt: daß die Umgebung aufmerksam wird, daß sie lernt, Signale wahrzunehmen und auch in Verbindung zu bringen.

Wir müssen allerdings auch die Ungeduld überwinden, die uns so leicht befällt. Wir wünschen doch alle, daß eine unangenehme Sache schnell vorbei sein soll und uns nicht immer weiter beschäftigt. Wie geht es dir als Autorin? Du weckst doch auch Ungeduld: daß du Jahre gebraucht hast, um deine Erfahrungen aufzuschreiben, daß du ein Buch und viele Veranstaltungen gemacht hast und immer noch nicht damit fertig bist. Spürst du nicht unsere Ungeduld?

Ja, mir wird gesagt, jetzt hast du genug gekämpft. Aber ich sehe das eigentlich gar nicht als Kampf an, sondern als Notwendigkeit des Erläuterns. Ich hab selbst erfahren, daß die erlebte Gewalt zu meinem Leben gehört. Nachdem ich vor drei Jahren Abstand haben wollte und mich nicht immer wieder mit neuem Leid beschäftigen, hab ich gesagt, jetzt ist's genug. Ich hab also vom Kopf her einen Schlußpunkt gesetzt, und dann ist es nach innen gegangen, und dann bin ich halt krank geworden, hab Unterleibserkrankungen bekommen. Es ist eben doch eine eiternde Wunde, die man nicht verschließen darf, weil sie sich sonst innen breit und uns krank macht. Diese Erfahrung hab ich bei vielen kranken Frauen gemacht, die meinten, weil ihre Umwelt nicht in der Lage war, das auszuhalten, daß sie jetzt schweigen müssen, vergessen müssen und die gerade daran erkrankt sind. Frauen, die sich zugestehen, daß es zu ihrem Leben gehört, die sind aber unangenehm für die Umwelt, weil sie immer wieder der Spiegel der Gewalt in unserer Gesellschaft sind, und das mag man nicht aushalten. Und deshalb bin ich ein unangenehmer Mensch für viele, weil sie sich belästigt fühlen von mir.

Liegt da nicht eine Gefahr, sich in einer Opferrolle festzurennen? Wir sprechen ja immer von den «Opfern der Vergewaltigung». Wie lange bleibt man denn Opfer, ein Leben lang? Gibt es nur die Wahl: zu verdrängen oder Opfer zu bleiben?

Diejenige, die mißhandelt ist, bleibst du mit Sicherheit, dein Leben lang. Wir gestehen es ja mittlerweile mißhandelten Kindern zu oder KZ-Opfern. Aber bei sexueller Mißhandlung von erwachsenen Frauen oder auch bei sexuellem Kindesmißbrauch soll man irgendwann wieder normal sein, das wird erwartet. Heute bin ich eigentlich nicht mehr das Opfer, sondern integriere die Erfahrung in meinen Alltag. Das heißt, ich rede nicht ständig drüber, sondern bringe es in dem Moment an, wo es wichtig ist. Ich habe eine starke Sensibilität entwickelt, ob ich in der Straßenbahn bin oder auf der Straße oder im Kino: Ich spüre, ob neben mir jemand zu Gewalttätigkeiten neigt. Ich spüre bei vielen Frauen ihre Wunden. Ich möchte ihnen helfen, daß sie zu sich kommen und mal gucken: was ist eigentlich mit mir los; vielleicht sich mal beraten lassen von Frauen, die erfahren sind, und sich auch mal helfen lassen in einer Beratung. Dieser Opferstatus, der bedeutet ja oft, daß wir Frauen immer still unser Leid tragen müssen...

Das zu dem sogenannten Jammerfeminismus führt...

Dieser Ausdruck macht mich mittlerweile wütend, weil er von denen kommt, die sich der Situation nicht stellen wollen oder die Angst davor haben, weil wir in ihnen selbst was aufrütteln. Gerade bei denen, die sich hartnäckig weigern, die Frauen als

Betroffene oder Überlebende einer Mißhandlung anzuerkennen, sind manchmal Frauen, die mit aller Hartnäckigkeit eigenes Leid wegpacken wollen und deshalb sehr aggressiv reagieren. Das ist mir manchmal passiert in längeren Gesprächen, wo ich gefragt hab: «Sag mal, warum bist du eigentlich so wütend, daß ich über die Mißhandlung spreche?», daß dann in einem Nebensatz kommt: «Ja, eigentlich ist mir auch schon mal so was passiert.» Und plötzlich ganz starkes Leid herausbricht und ein ganz anderer Mensch sich mir darstellt.

Na gut, trotzdem, ich möchte auch mal aus der Opferrolle raus. Es muß Leiden und auch das Eingestehen von Leiden, aber es muß auch Gegenwehr geben. Es kann ja beides sein: daß du leidest und dich wehrst.

Mit dem Wort Opfer verbinden wir ja Hilflosigkeit: daß da jemand in etwas hilflosem, empfindlichem Zustand liegt, halb ohnmächtig, den wir von außen reparieren. Wenn Opfer wehrhaft werden, dann enttäuschen sie deine Erwartungen. Es geht ja nicht, daß ein hilfloser Mensch ganz wütend wird oder sich wehrt und auch Aktionen ins Leben ruft und schimpft, das kann ja nicht sein. Ich denke, daß wir in der deutschen Sprache keine passenden Wörter dafür haben und ein neues Empfinden prägen müssen. Wir sind die Verletzten, und wir machen diese Verletzung deutlich.

Es gehört wohl doch allerlei Kraft und Mut dazu, denn bisher sind es nur sehr wenige Betroffene, die sich lauthals über ihre Verletzungen beschweren. Erst seit wenigen Jahren sind das große Ausmaß und die schwere Auswirkung der sexuellen Gewalt in der Gesellschaft wahrgenommen worden. Das ist ein Verdienst der Frauenbewegung, die Selbsthilfe- und Unterstützungsorganisationen geschaffen und Öffentlichkeit erzwungen hat. Du hast ja selbst vor acht Jahren die Notrufgruppe Bielefeld gegründet. Ist das denn genug? Können diese kleinen Gruppen eine so schwere Aufgabe bewältigen?

Es ist sicher die erste und wichtigste Reaktion, daß Frauen sich selbst wehrhaft machen und auch deutlich machen, wie unsere Situation eigentlich ist. Unsere Notrufgruppe hat viel geleistet und hat auch Nachfolgegruppen gefunden. Aber ich weiß nach acht Jahren Beratungsarbeit, daß es oft eine Überforderung ist; daher auch der häufige Wechsel der Frauen, die aktiv mitarbeiten. Der Aufschrei aus der Belastung wird immer deutlicher:

«Wir können nicht mehr. Wir können nicht immer wieder das Schreckliche ertragen und immer wieder helfen, und es gibt kein Ende, denn immer wieder werden Frauen vergewaltigt.»

Die Notrufarbeit muß erweitert, finanziert und professionalisiert werden. Erstens brauchen wir einen Notrufdienst, der rund um die Uhr erreichbar ist. Inzwischen ist das Bewußtsein bei vielen Krankenhäusern und Ärzten, auch Polizeistellen, dafür da, daß die vergewaltigten Frauen Hilfe brauchen. Es muß jemand da sein, wo man sie hinschicken kann. Außerdem fehlt es an geeigneten professionellen Beraterinnen. Die üblichen Therapeuten kommen oft aus der Familien- oder Psychotherapie, arbeiten stark mit Schuldzuweisungen, teilweise aus der eigenen Unfähigkeit, das, was sie an Schrecklichem hören, überhaupt erst mal zuzulassen. Es gibt wenige Frauen, die da Erfahrung haben in der Bundesrepublik.

Wir müssen jetzt erst mal lernen, wie man in dieser Situation richtig berät, und dazu müssen sich die betroffenen Frauen und die Therapeutinnen zusammensetzen. Die Erfahrung der Gewalt ist ja nicht einfach heilbar. Man läuft mit dieser Wunde ewig rum und braucht zwischendurch Hilfe und verständnisvolle Frauen, die nicht noch mit Schuldzuweisung arbeiten. Das ist mein Wunsch für die Zukunft, daß wir überall Frauen ausbilden, die sich Hilfe und Verständnis zutrauen, die auch lernen, das wiederkehrende Leid auszuhalten, also nicht zur Überforderung kommen und denen auch Ärztinnen und Anwältinnen beigestellt werden. Was mir vorschwebt ist ein Forschungs- und Frauenzentrum in Richtung wie autonome Frauenhäuser und gute Pro Familia-Stellen schon arbeiten, leider nur ansatzweise bis jetzt. Ein Team von vielen klugen Frauen, die rund um die Uhr erreichbar sind und auch Begleitforschung machen, um mal zu gucken, was passiert denn nach fünf Jahren mit den Frauen, wie geht es ihnen nach zehn Jahren.

Wir wissen nichts über die gesundheitlichen Zusammenhänge. Ich sehe das bei mir selber auf Grund meiner Unterleibserkrankungen, die ich zu einem großen Teil auf die Vergewaltigung zurückführe. Ich habe viele Frauen mittlerweile kennengelernt, die zum Beispiel Zysten hatten, die Verwachsungen hatten, Geschwulste, Menstruationsstörungen, Schwierigkeiten bei der Geburt ihrer Kinder. Allerdings gibt es bis jetzt überhaupt kein medizinisches Wissen, und deshalb müssen die Frauen in die

Forschung und mal schauen, erklären und verdeutlichen, daß es da Ursachen und Wirkungszusammenhänge gibt. Damit den Verletzten auch mal vernünftig geholfen wird und sie nicht nur individuell mit ihrem Leid heimlich fertig werden müssen oder letztendlich massenweise in der Psychiatrie landen, weil sie es eben neurotisieren.

Es ist was ganz Wichtiges, daß wir Frauen nicht nur kämpfen, sondern uns selbst viel Gutes antun. Und deshalb ist für mich auch Erholung und Freundschaft und meine Beziehung zu den Geschlechtern wichtig. Jahrelang war ich in einer Haßphase Männern gegenüber. Jetzt konnte ich das verändern und zu einer lebens- und liebenswerten Form kommen. Es ist schön, auch einen Mann in den Arm zu nehmen, und es ist auch schön, Männer zu lieben und nicht nur zu hassen, aber ich kann das sehr stark unterscheiden.

Also, daß du Dir es erlauben kannst, Männer zu hassen und zu lieben? Die übliche Vorstellung, wie man mit vergewaltigten Frauen umgehen soll, ist doch, daß sie so schnell wie möglich von dem Haß befreit werden und einer normalen Liebesbeziehung zugeführt werden sollen. Jedenfalls haben sich namhafte Gutachterinnen aus der Sexualmedizin so dazu geäußert.

Ich finde es schlimm, wenn Frauen der notwendige und berechtigte Haß nicht zugestanden wird, wenn sie ihn nicht leben können, dann richten sie ihn zwangsläufig nach innen und zerstören sich damit selbst. Das Schlimme ist, daß dieses Wort Haß bei uns nicht legitimiert ist, daß man es nicht ausdrücken darf, aber für mich war das sehr befreiend, ihn herauslassen zu können, denn nur *das* hat dazu geführt, daß ich mich überhaupt auch wieder schätzen kann und auch andere mich schätzen können, und das ist für mich sehr wichtig.

Gehört es zum Haß, zur notwendigen Wut, daß viele Frauen, gerade in der Frauenbewegung, heute Selbstverteidigung lernen und sich damit individuell aus der Gefahrenzone bringen: «Mir kann nichts passieren, ich mach Karate.»

Das ist eben ein ganz tolles Erlebnis. Ich hab Männer mittlerweile auch geschlagen, wenn sie mich angegriffen haben, sei es im Spaß. Sie haben einen falschen Punkt bei mir erwischt, ich hab einfach fest zugeschlagen. Sie sind auf Abstand gegangen und dieses – daß der Mann plötzlich auf Abstand geht, überrascht ist darüber, daß man so zuschlägt – hat mir viel gegeben, auch an Kraft.

Also, mich stört es. Ich ärgere mich nicht, daß ihr Karate macht, sondern daß ihr das für eine Lösung anseht. Ich, als alte Frau, als unsportliche Frau, oder meine Nachbarin mit ihren Stöckelschuhen und ihrem zu engen Rock, die können weiter vergewaltigt werden. Und nur ihr lila Frauen, die gelernt haben, zuzuschlagen, ihr seid Gott sei Dank aus dem Gefahrenkreis rausgetreten. Das ändert doch überhaupt nichts.

Wir reden viel in der Alten-Wohngemeinschaft, in der ich lebe, mit den achtzig- oder neunzigjährigen Frauen darüber. Und sie erzählen, daß sie früher zum Beispiel einen Pfefferstreuer in der Tasche hatten. Sie haben ihren Regenschirm benutzt oder ihren Schlüsselbund, um sich zur Wehr zu setzen. Es geht um die Kleinigkeit im Alltag. Das ist der wichtigste erste Schritt, sich einer Gefahr bewußt zu werden und sich nicht mehr überfallartig davon überraschen zu lassen. Es ist wichtig, zu wissen, daß die Gewalt jeder Frau droht und nicht nur ganz besonderen Frauen. Bei traditionellen Therapeuten und Therapeutinnen, aber auch in der Gesellschaft allgemein, und gerade auch bei den «fortschrittlichen» Frauen wird gesagt: «Bestimmte Frauen werden Opfer.» Also Frauen beispielsweise, deren «Aura» gestört ist. Das ist im Rahmen der Esoterik ein neuer Modegedanke, daß man nun meint, nichts ist Zufall, also ist es dir auch bestimmt, vergewaltigt zu werden. Ich finde das eine ganz schreckliche Geschichte, die sich da auf uns zubewegt. Auf ähnlicher Ebene läuft der Vorwurf: Du hast dich halt nicht richtig verhalten...

Falscher Ort, falsches Kleid, falsche Zeit...

Ja. Sicher ist es möglich, wenn ich gerade gut drauf bin, daß ich mich besser wehren kann, als wenn es mir schlechtgeht. Das hat aber nichts mit meiner «Aura» zu tun. Und mir fällt auf, daß Frauen, die sehr selbstbewußt sind, die sich ganz wohl fühlen und ganz glücklich sind, von Männern am brutalsten mißhandelt und vergewaltigt werden. Gerade der starke Mensch, die tolle Frau fordert offensichtlich den Mann heraus, sie kleinzukriegen. Da man sie nicht umbringen will, tötet man sie halt durch Vergewaltigung. Das muß uns ganz deutlich werden: wir befinden uns auch in der Frauenbewegung auf dem falschen Weg, wenn wir meinen, nur bestimmte Frauen sind gefährdet.

Das ist jetzt vielleicht der Moment, auch mal über die Täter zu sprechen. Es ist neuerdings modern geworden, daß die Täter einerseits zur Selbsthilfe aufgefordert werden, andererseits therapiert werden, sicher auch weil der Präventionsgedanke dahintersteht, daß man sie von weiteren Untaten abhalten will, aber auch, daß man sie besser erkennen oder verstehen will.

Ich hab mittlerweile sehr viele Täter kennengelernt; diejenigen, die es mir leise gestanden haben, die Freundin gewaltsam verführt zu haben, oder auch diejenigen, die mal Schwächere geschlagen haben, einfach ihre Brutalität rausgelassen haben. Wir müssen uns eingestehen, daß wir in einer katastrophal zerstörten Gesellschaft leben. Dieser Mann, der zuschlägt, der mißhandelt, der sich oft gerade den fröhlichen Menschen aussucht, um ihn zu zerstören, drückt nichts anderes aus als seine eigene Zerstörtheit. Wenn wir uns zugestehen, daß offensichtlich Millionen Männer herumlaufen, die in der Tat zerstört sind und Schwächere suchen, um ihre eigene Kaputtheit daran abzuleiten, muß uns das dahinbringen, grundsätzlich die Probleme anzugehen.

Dabei finde ich den Weg fatal, daß zum Beispiel Opfer mit Tätern zusammengeführt werden, damit die Täter sehen, welche Frau sie da kaputtgemacht haben. Ich finde es sehr problematisch, weil damit wieder der Frau zugeschrieben wird, den Mann zu heilen. Für mich, als betroffene Frau, ist das nicht vorstellbar, daß ich quasi sozialarbeiterisch auf ihn zugehen soll und in jahrelanger Therapiearbeit den Täter zu ändern versuche. Dann kriegt er womöglich Schuldgefühle und könnte mich eventuell umbringen auf Grund seiner Schuldgefühle, daß ich ihm auch noch helfe und er mir dankbar sein muß.

Ich möchte viel früher anfangen, Vergewaltigung zu verhindern. Wenn ich über meine Brüder oder die Brüder anderer Frauen nachdenke, sehe ich, wie auf Grund unserer ähnlichen Erziehung Täter- und Opferwelt sehr nah zusammenliegen. Daß in der gleichen Familie das Passende – Gewalttätigkeit und Wehrlosigkeit – erzeugt wird. Für mich ist es ganz wichtig, zum Beispiel auch bei Kindern, mir ihre Verhaltensweisen mal anzugucken; was ist da schon alles zerstört worden, und werden sie nicht zwangsläufig ihre Zerstörung weitergeben? Muß man nicht bei drei-, vier-, fünfjährigen Kindern schon aufmerksam werden, wo die Gewalt ausbricht und die Zerstörung sichtbar wird? Das ist für mich der wichtigste Weg.

Die Kaputtheit der Männer kommt aus der Kinderstube?

Nicht nur, auch die Bundeswehr ist ein ganz wichtiges Element, um Gewalt zu erlernen und später weitergeben zu können. Man wird entlassen aus der Bundeswehr und kann nun mit seiner eigenen, privaten Kanone auf die Frauen los gehen. Auch sehe ich nach wie vor die Problematik der Pornographie, der Videofilme. Das ist auch eine Ursache, von der die Sozialarbeiter erzählen, die im Gefängnis mit Tätern arbeiten. Wir sind aber nicht diejenigen, die das zu verändern haben. Das hat der Gesetzgeber zu verändern, das muß im Schulwesen angegangen werden, und man muß auch die Mütter mehr entlasten von ihrem Erziehungsdruck zu Hause. Man muß das auch der Allgemeinheit stärker zuweisen, daß sie sich damit auseinandersetzt, warum soviel Gewalt ausgeübt wird. Solange wir so ein kriegerisches Volk sind, werden wir auch so viele Vergewaltigungen haben. Davon bin ich überzeugt.

Vergewaltigung wurde nach einem Jahr nun aufgeklärt

Täter bei einer Fahndung auf der Jöllenbecker Straße gefaßt

Bielefeld. Im September vergangenen Jahres war eine 24jährige Bielefelderin in Vereinsräumen der Innenstadt von einem plötzlich hier eindringenden Fremden brutal vergewaltigt worden. Die Überfallene war allein in den Räumen gewesen, als der Mann auftauchte, sie in einen Nachbarraum schleifte und ihr unmißverständlich drohte, sie umzubringen, wenn sie ihm nicht zu Willen sei. Der Mann verging sich an ihr, fesselte und knebelte die Frau dann und drohte ihr, sie wiederzufinden, wenn sie bei der Polizei Anzeige erstatten würde. Zum Schluß stahl er ihr noch 50 DM aus der Geldbörse und verschwand.

Die überfallene Frau zeigte die Tat eine Woche später bei der Polizei an. Trotz aller Ermittlungen konnte seinerzeit der Täter nicht gefaßt werden.

In der Nacht zum Freitag, 14. September 1979, drang in dieselben Vereinsräume ein Fremder ein, der sich an einem Schreibtisch zu schaffen machte. Als ein männliches Vereinsmitglied auftauchte, ergriff der Eindringling die Flucht. Der Mann folgte dem Fliehenden, verlor ihn dann aber aus den Augen. Die inzwischen verständigte Polizei konnte eine halbe Stunde später auf der Jöllenbecker Straße einen Mann stellen, auf den die Beschreibung des Zeugen paßte. Als die Ordnungshüter mit dem Mann die Vereinsräume zur Gegenüberstellung aufsuchten, war inzwischen die vor einem Jahr Überfallene dazugekommen. Als sie den Fremden sah, erkannte sie ihn sofort wieder.

Der 21jährige Mann hat nach anfänglichem Leugnen bei der Polizei die vor einem Jahr verübte Vergewaltigung gestanden. Er saß seinerzeit wegen in Dortmund verübter Vergewaltigungen in der Justizvollzugsanstalt Herford ein, war aber am Tage der Tat als «Freigänger» unterwegs und in Bielefeld gewesen. Kurze Zeit später wurde der Rest seiner Strafe zur Bewährung ausgesetzt.

Während er die Vergewaltigung zugibt, bestreitet er den versuchten Einbruch von Freitag nacht. Der Zeuge ist sich auch nicht ganz sicher, ob der Festgenommene es war. Am Wochenende wird der Festgenommene dem Haftrichter vorgeführt.

(*Neue Westfälische Zeitung*, 15. 9. 1979)

I. Die Vergewaltigung

Ein Tag im September 1978

Den nachfolgenden Artikel habe ich ca. drei Monate nach der Vergewaltigung geschrieben. Er ist abgehoben sachlich. Für mich war das wohl die beste Möglichkeit, überhaupt etwas schreiben zu können.

Am 4. 9. 1978 (ein Montag) befand ich mich im Laden des Umweltzentrums Bielefeld. Ich arbeitete im Arbeitskreis Umwelt seit etwa eineinhalb Jahren mit. Hauptsächlich bin ich in der Archivgruppe tätig, die sich montags von 15 bis 17 Uhr trifft. Während dieser Zeit ist dann auch der Laden geöffnet. Viele Besucher kommen gerade zur Archivgruppe, weil wir gut Bescheid wissen und Informationsmaterial zum Umweltschutz haben. An diesem Nachmittag waren wir ausnahmsweise nur zu zweit. Paul und ich saßen fast die ganze Zeit in einem kleinen Raum, der innerhalb des Ladens abgeteilt ist. Man hat allseitig Sicht durch große Glasscheiben. Also auch von draußen kann man gut in diesen Raum sehen. Nur zum Laden hin versperrten einige Kästen einen Teil des Sichtfeldes.

Paul hatte mir zu Beginn unserer Arbeit schon gesagt, daß er wahrscheinlich gegen fünf abgeholt werden würde. Gegen 16 Uhr 20 hörten wir ein Geräusch im Laden. Wir blickten nur kurz auf, um zu sehen, ob jemand da war. Da wir nichts sahen, beachteten wir das Geräusch nicht weiter. Es kommt öfter vor, daß jemand kurz die Tür des Ladens öffnet. Mal sind es neugierige Kinder aus der Nachbarschaft, mal Leute, die zum Elektrogeschäft wollen, was sich früher hier befand.

Zehn Minuten später hörten wir wieder ein Geräusch im Laden. Paul stand diesmal sofort auf, um nachzusehen. Ich sagte noch: «Mensch, da ist doch irgendwas.» Da Paul jedoch niemand entdeckte, setzte er sich wieder, und wir arbeiteten weiter.

Kurz vor 17 Uhr wurde Paul abgeholt. Ich sagte: «Ich gehe auch gleich.» Ich wollte nur noch zehn Minuten dableiben, um aufzuräumen.

Nach einigen Minuten hörte ich ein Türenschlagen im Laden. Ich stand auf, um mich umzusehen.

Im Gang der Toiletten stand ein junger Mann. Ich sagte: «Hallo» und ging in den Laden zurück. Ich wunderte mich zwar etwas darüber, daß der Mann auf die Toilette gegangen war, ohne vorher zu fragen (was doch bei einem Fremden eigentlich erwartet wird), dachte aber darüber nicht weiter nach. Der Mann kam auch gleich aus der Toilette heraus und stellte sich vor eine Informationsstellwand (über Wiederaufarbeitung von Kernbrennstoffen), die im Laden aufgebaut ist. Ich ging auf ihn zu, um Fragen zu beantworten und Informationen zu geben, was unsere interessierten Ladenbesucher normalerweise erwarten. Der Mann trat sofort hinter mich und hielt mir mit starkem Druck den Mund zu. Mit dem anderen Arm umfaßte er meinen Oberkörper und sagte: «Los, komm mit nach hinten und schrei bloß nicht.» Ich wehrte mich, um möglichst im Ladenraum zu bleiben, da man durch mehrere große Fenster Einsicht in den Laden hat und eventuell Vorbeigehende das Geschehen gesehen hätten.

Der Mann bemerkte wohl meine Absichten und umfaßte mich noch stärker, um mich mit Gewalt nach hinten zu schleifen. Hinter dem ersten Ladenraum befindet sich eine Treppe, die in die erste Etage führt. Dahin schleifte mich der Mann. Ich ließ mich vor der Treppe absacken, damit er mich nicht heraufziehen konnte. Er schnauzte mich an, daß ich mit heraufkommen solle. Ich versuchte mich freizustrampeln. Er zog mich jedoch mit beiden Armen an sich und schaffte es, mich vier bis fünf Stufen die Treppe hochzuziehen. Ich setzte mich erneut zur Wehr. Jetzt lag ich mit dem Rücken schräg auf den Treppenstufen. Mein Kopf lehnte an der Wand.

Der Mann kniete jetzt über mir und drückte mit brutaler Gewalt auf mein Gesicht. Hierbei fiel meine Brille ab. Ein Glas sprang aus der Brillenfassung. Der Mann würgte mich so stark, daß mir sofort der Atem ausging. Die andere Hand drückte fester auf meinen Mund. Ich biß ihn in diese Hand und drehte meinen Kopf, um besser Luft zu bekommen. Einen kurzen Moment ließ er die Hand los. Ich fragte ihn, was er von mir wolle. Er sagte: «Das sag ich dir oben – los, komm jetzt mit, sonst geht es dir schlecht.» Ich sagte, daß ich nicht mitkommen wolle. Ich wußte doch, was er von mir wollte. Daraufhin drückte der Mann mir wieder die Kehle zu und schlug mit einer Hand in Magen und Nierengegend. Ich bekam Angst, in den nächsten Sekunden das Bewußtsein zu verlieren. In mir war nur ein Gedanke: Er darf es nicht schaffen, mich nach oben zu bringen. Er fragte: «Kommst du jetzt?» Ich tat so, als willigte ich ein. Er ließ dann seine Hand etwas lockerer, so daß ich wieder Luft bekam. Dann wehrte ich mich wieder gegen ihn und versuchte, ihn von mir abzuwerfen. Aber er war stärker. Er stieß mich mit dem Hinterkopf an die Wand und dann mit der Stirn auf die Treppenstufen. Da die Treppe mit Teppich ausgelegt ist, hatte ich dabei keine allzu großen Schmerzen.

Mein Eindruck war jetzt, daß der Mann mich nicht unbedingt umbringen wollte. Vielmehr wollte er mich erniedrigen! So lange fertigmachen, bis ich alles über mich ergehen ließ. Ich fühlte zwar eine Panikstimmung in mir, aber ich versuchte doch, alles, was sich abspielte, rational zu sehen. Ich empfand daher in diesem Augenblick kaum Schmerzen.

Ich war ganz darauf konzentriert, den Mann abzuwerfen, um wegzulaufen. Der Mann aber war stärker als ich. Er wurde jetzt noch brutaler. Er nahm meinen Kopf mit beiden Händen und versuchte, ihn immer mehr umzudrehen, wobei er sagte: «Wenn du jetzt nicht mitkommst, drehe ich dir den Hals um!» Jetzt konnte ich mich nicht mehr wehren.

Ich gab erst mal nach. Der Mann schaffte es jetzt, mich die Treppe hochzuziehen, wobei ich meine Schuhe verlor. Am Eingang zum oberen Raum stand ein Sessel, in den ich mich fallen ließ. Ich dachte: Er darf dich nicht zum Liegen auf den Boden bringen. Aber ich war total fertig.

Der Mann öffnete den Reißverschluß seiner Hose und zog sein Glied hervor. Er stand breitbeinig vor mir und forderte mich auf, sein Glied in den Mund zu nehmen. Ich faßte sein Glied und wollte es von meinem Gesicht fortstoßen, wobei ich sagte: «Du bist wohl verrückt geworden, ich mache das nicht!» Da forderte er mich auf, meine Bluse aufzuknöpfen. Ich wollte nicht. Daraufhin knöpfte er die Bluse selbst auf. Er faßte mit einer Hand auf meine rechte Brust. Dann ließ er plötzlich los, faßte meine Beine und zog mich mit einem Ruck aus dem Sessel. Jetzt hat er es gleich geschafft, schoß es mir durch den Kopf. Ich drehte mich schnell auf den Bauch und versuchte mich aufzurichten. Er drehte mir daraufhin meinen rechten Arm am Rücken hoch, was so brutal war, daß ich mich nicht mehr wehren konnte. Jetzt warf er mich wieder auf den Rücken.

Das weitere lief dann sehr schnell ab. Er zog meine Hose mitsamt der Unterhose aus und zwang sich zwischen meine Beine. Er zog seine Hose herunter und versuchte in mich einzudringen. Er darf es nicht schaffen, dachte ich. Ich hatte große Angst, daß ich schwanger wurde, da dieses der vierzehnte Tag meines Monatzyklus war. Ich wollte vor allem kein Kind. Panik war jetzt stärker da. Fragen nach Schwangerschaft und Abtreibung schossen mir durch den Kopf.

Ich versuchte deshalb, meinen Unterleib zu verkrampfen und zu verschließen, worauf seine Versuche, in mich einzudringen, schmerzhaft waren. «Wenn du nicht mitmachst, tut es weh», sagte er. Der Mann zog mit beiden Händen meine Knie hoch und schaffte es dann, in mich einzudringen. Mein Unterleib war jetzt irgendwie taub – gefühllos! Ich redete auf den Mann ein, früh genug aufzuhören; er sollte sich nicht in mich ergießen. Ich wollte nicht von ihm schwanger werden. Er sagte: «Ja, ja», und drückte meine Knie herunter. «Los, mach mit!» forderte er mich auf und versuchte mich zu küssen und mit seiner Zunge in meinen Mund einzudringen. Ich drehte meinen Kopf zur Seite und sagte: «Das kann ich nicht.»

Er fragte: «Warum nicht?» Ich: «Kannst du dir das nicht denken! Erstens liege ich unbequem und außerdem – wie soll ich das denn können, wenn du das so machst?»

Er schaute mich seltsam an und sprang plötzlich auf. Er hatte sofort einen Erguß. Das Sperma wischte er an meiner Unterhose ab, was ich als sehr widerlich empfand. Er sagte: «Los, dreh dich um!» Ich wollte aufstehen. Er hatte inzwischen seine Hose hochgezogen und geschlossen und zwang mich auf den Bauch. Dann versuchte er, mich mit meiner Cordhose zu fesseln, was ihm nicht gelang. Daraufhin nahm er ein Elektrokabel und fesselte meine Arme und das linke Bein aneinander. Jetzt sagte er: «Zeig mich ja nicht an, ich war gerade im Knast wegen Vergewaltigung und ich will nicht noch mal rein. Ich kriege es raus, wenn du mich anzeigst. Die Frau, die mich in den Knast gebracht hat, habe ich auch gefunden, und der ging es dann dreckig.» Er wollte meine Adresse.

Er schob mir dann die Cordhose als Knebel in den Mund. Wieder sagte er: «Wenn du mich anzeigst, bringe ich dich um! Ich kriege dich, ich will nicht wieder in den Knast.»

Er forderte mich auf, liegen zu bleiben. Dann drehte er sich um und lief die Treppe herunter.

Ich versuchte meine Fesselung loszuwerden. Den Knebel konnte ich ausspucken. Da kam der Mann wieder die Treppe hoch. Er nahm die Cordhose an sich und forderte mich noch mal auf: «Bleib bloß liegen!» Er hatte meinen Personalausweis in der Hand, den er aus meiner Handtasche genommen hatte. Er las meine Adresse.

Dann lief er wieder die Treppe herunter und verschwand. Die Hose nahm er mit. Ich lauschte noch einige Minuten. Als ich nichts hörte, befreite ich mich von der Fesselung, was relativ leicht war. Ich zog mir die Unterhose über, was mich anwiderte, aber was sollte ich sonst machen? Dann ging ich nach unten. Ich sah mich vorsichtig um, aber der Mann war fort. Ich hatte Angst, daß er vielleicht doch noch wiederkommen würde. Ich suchte meine Handtasche. Der Inhalt lag verstreut auf dem Boden. Ich griff nach dem Schlüsselbund und lief zur Ladentür, um abzuschließen.

Dann versuchte ich, ruhig zu werden. Ich konnte kaum einen klaren Gedanken fassen. Ich schämte mich, in der Unterhose nach Hause zu gehen. Da fiel mir ein, daß ich einen Jeansmantel mithatte. Ich zog ihn über. Ich kam mir komisch vor mit den nackten Beinen, darunter Söckchen und die Schuhe, die ich wieder angezogen hatte.

Vor allem wollte ich jetzt erst mal nach Hause. Ich wollte mich irgendwo anlehnen, aussprechen, weinen – hier konnte ich es nicht. Ich suchte meine Sachen vom Fußboden auf. Dabei stellte ich fest, daß mindestens 50 DM in Scheinen fehlten. Das machte mich unheimlich wütend. Erst die brutale Vergewaltigung, dann die Cordhose gestohlen und nun auch noch das Geld. Ich nahm meine Handtasche und verließ den Laden. Das Fahrrad stand vor der Tür. Ich fuhr schnell nach Hause. Leute starrten mich in meinem Aufzug teils erstaunt, teils belustigt an. Schließlich war es recht kalt draußen, und wer fährt da schon mit Söckchen durch die Gegend!

Ich eilte in meine Wohnung, zog dort erst eine andere Unterhose und eine Jeans an. Jetzte fühlte ich mich schon etwas wohler. Ich wollte mich erst gründlich waschen, aber irgend etwas sagte mir, daß das falsch war – daß ich erst weiteres überlegen mußte. So setzte ich mich an den Schreibtisch, um etwas aufzuschreiben. Die Mitarbeiter unseres Ladens (vor allem die Frauen) mußten gewarnt werden. Der Mann konnte doch jederzeit wiederkommen.

Ich hatte gerade begonnen, ein paar Zeilen zu schreiben, als mein Mitbewohner in die Wohnung kam. Er sah sofort, daß etwas nicht stimmte. Ich hatte auch Schmutz- und Blutspuren am Mund – von den gewaltsamen Kußversuchen des Mannes. Mein Freund fragte mich: «Was ist los?» Ich konnte noch herausbringen, daß ich gerade vergewaltigt worden war im Umweltzentrum. Er umarmte mich. Jetzt konnte ich weinen. Tränen, die meine Spannung lösten.

Dann war ich wieder ziemlich klar im Kopf. Ich erzählte in kurzen Zügen, was geschehen war. Wir überlegten gemeinsam, was wir jetzt tun könnten. Zunächst einmal rief ich eine meiner Patientinnen an, daß ich mich verspäten würde (ich bin als Altenpflegerin in der Hauskrankenpflege tätig). Dann rief ich den Frauenarzt an. Er sagte, ich solle sofort kommen. Die Praxis sei zwar schon geschlossen, aber sie würden noch auf mich warten.

Er untersuchte mich und bat mich dann in sein Sprechzimmer. Eigentlich war ich mit diesem Arzt bisher sehr zufrieden. Ich hatte mir vorgestellt, daß Frauenärzte für das Problem Vergewaltigung sehr sensibel sein mußten, so erhoffte ich mir Verständnis und Hilfe. Aber der Arzt machte einen mürrischen Eindruck. Ich hatte den Eindruck, als wolle er sich nicht mit mir als vergewaltigte Frau befassen. Er mußte eben seine Pflicht erfüllen und mehr tat er auch nicht. Ich erzählte ihm kurz mein Erlebnis. Er hörte es sich mit unbeteiligtem Gesicht an. Ich konnte nicht erkennen, ob er mir glaubte. Ich hatte das Gefühl, unter Beweiszwang zu sein. Er sagte, daß er keine Spermien gefunden habe (was ich ja auch erhofft hatte), daß er aber nicht ausschließen könne, daß doch etwas Sperma da sei. Er verschrieb mir ein starkes Östrogenpräparat gegen eine eventuelle Schwangerschaft, von welchem ich fünf Tage je zwei Tabletten einnehmen solle. Ich fragte ihn nach den Auswirkungen, da ich von schlechter Verträglichkeit dieser Präparate gehört hatte. Der Arzt glaubte, daß ich eventuell etwas Übelkeit nach dem Einnehmen verspüren könnte, sie aber ansonsten wie die Anti-Baby-Pille wirke. Ich müßte selbst wissen, ob ich sie nehmen wolle oder nicht. Dann fragte er mich, ob ich die Kriminalpolizei verständigt habe. Ich antwortete: «Nein, ich glaube, daß das nichts bringt.» Der Arzt zog resignierend die Schultern hoch.

Ich verabschiedete mich und fuhr zur Apotheke. Das Medikament mußte ich selbst bezahlen – Kosten: 13,40 DM. Ich hatte keine Lust, mich nochmals mit dem Arzt rumzustreiten, daß er mir das Medikament doch auf Krankenkassenkosten verschreiben solle. Ich bezahlte also brav und fuhr dann zu einer Sitzung unseres Vereins Freie Altenarbeit, wo es wichtige Dinge zu besprechen gab.

Während der Sitzung ließ ich alles über mich ergehen, weil ich doch nicht in der Lage war, mich zu konzentrieren. Es war mir auch ziemlich egal, wie die Diskussion endete. Gegen 21 Uhr 15 verdrückte ich mich, da ich noch eine Kranke versorgen mußte, die völlig auf fremde Hilfe angewiesen ist. Gegen 22 Uhr 15 kam ich nach Hause.

Jetzt, da ich zur Ruhe kam, bemerkte ich an vielen Körperstellen Schmerzen. Ich wollte noch ein Brot essen, hatte aber so starke Schluckbeschwerden, daß mir übel wurde. Ich legte mich ins Bett. Mein Kopf tat überall weh. Die rechte Schulter und die Rippen schmerzten. Ich fühlte mich hundeelend. Da ich aber erschöpft war, schlief ich nach einiger Zeit ein.

Am nächsten Morgen mußte ich um 6 Uhr 15 aufstehen. Mir war von dem Östrogenpräparat stark übel. Wieder merkte ich die Schmerzen, vor allem im Hals und am Kopf. Ich mußte jedoch arbeiten, denn die älteren oder behinderten Bürger sind davon abhängig, daß wir sie waschen, ankleiden, bei ihnen kochen etc. Nach zwei Hausbesuchen legte ich mich wieder ins Bett, mittags wieder ein Hausbesuch. Da mir immer noch sehr übel war, nahm ich das Östrogenpräparat nicht ein. Ich hatte Angst, daß ich sonst meine Patienten nicht mehr versorgen könnte.

Dieser Bericht aus dem Winter 1978 ist mir heute ganz fremd. Ich lese das nur mit einer starken inneren Ablehnung, weil ich nicht erinnert werden will, zumindest nicht so im Detail. Andererseits weiß ich aber, daß ich gerade durch dieses genaue Aufzählen besser verarbeiten kann, was passiert ist. Ich brauche zwar erst einen Anlauf, aber nachher geht es mir wesentlich besser.

Warum habe ich damals so distanziert geschrieben? Ich wollte die Vergewaltigung wohl aufschreiben, konnte das aber nur zu Papier bringen, indem ich das sachlich, rational ablaufen ließ. So wurde ich nicht so stark hineingerissen.

Ich möchte den Text so lassen. Heute würde ich die Vergewaltigung nicht mehr so ausführlich beschreiben, dafür aber mehr analysieren.

Wenn ich daran denke, wie und warum ich mich damals so

verhalten habe, kommt mir meine verhängnisvolle Rolle hoch, die ich als Mädchen und Frau erlernt habe.

Heute würde ich mich mit Sicherheit anders verhalten. Wahrscheinlich mußte ich erst eine solche direkte Brutalität erleben, bis ich lernte, etwas zu verändern.

Wie es dazu kam

Ich bin auf einem Bauernhof – in der Nähe von Bielefeld – aufgewachsen. Als Kinder waren wir viel draußen im Wald und am Teich. Wir spielten dort und bauten uns Hütten.

Ich habe drei Brüder und eine Schwester (ein Bruder ist 1972 tödlich verunglückt). Meine Schwester ist Epileptikerin und war sieben Jahre in einem Heim. Jetzt lebt sie zu Hause, und es geht ihr besser, weil sie dort ihre Viecher versorgen kann, an denen sie sehr hängt.

Mein älterer Bruder ist Lehrer, bewirtschaftet den Hof, und sein Hauptberuf ist die Auseinandersetzung mit wildgewordenen Landzerstörern, wie Flurbereiniger und Straßenplaner, die meinen, sie müßten ganz Deutschland quadratisch in Feldchen einteilen und das meiste Land unter Beton und Teer legen. Mein Zwillingsbruder hat biologisch-dynamische Landwirtschaft gelernt und lebt zur Zeit in einer Landkommune in Franken.

Mein Vater hat sich nicht sehr um die Erziehung seiner Kinder gekümmert. Er tat seine Arbeit auf dem Hof und fragte nur gelegentlich nach, was wir so gerade machten. Uns war es egal – er ließ uns in Ruhe und damit waren wir zufrieden.

Unsere Bezugspersonen waren vor allem meine Mutter und mein Onkel, der Rentner war und viel Zeit hatte, sich mit uns zu beschäftigen. Außerdem lebte auf dem Hof noch die Schwester meines Vaters, die in einem Altenheim arbeitet und konservativ, verklemmt aufgewachsen ist. Früher mußte meine Tante mit auf dem Hof arbeiten und wurde von meinem Vater oft heruntergeputzt. Sie war für ihn lediglich ein billiges Dienstmädchen. Erst nachdem meine Tante Arbeit im Dorf annahm, wurde sie selbstbewußter und offener.

Zu meiner Mutter hatte ich immer eine gute Beziehung. Obwohl sie Jahrgang 1914 ist, war sie für mich eher Freundin als strenge Erzieherin. Sie erzog uns nach ihrem human-katholischen Bewußtsein. Das bedeutet für mich: Die andere Person, das andere Lebewesen steht immer an erster Stelle. An mir liegt es, wie ich meine Umwelt zum Guten oder zum Schlechten erziehe. Durch meine guten Taten gebe ich Beispiele. Ich muß demütig sein. Der andere ist grundsätzlich immer gut. Wenn mein Nächster etwas Böses tut, liegt es an mir, ihn zu bessern.

Da ich von meinen Geschwistern die Robusteste war, bekam ich früh Verantwortung. Ich kümmerte mich um meine Schwester und half bei der Arbeit auf dem Hof.

Für meine Mutter war ich der Hauptgesprächspartner, mit der sie ihre Sorgen und Nöte besprechen konnte. Auch ich konnte jederzeit zu ihr kommen, wenn ich etwas auf dem Herzen hatte.

Da ich nun aber augenscheinlich sehr robust und stark war, bekam ich nicht so viel Zärtlichkeit (zumindest nicht verbal), wie meine kränklicheren Geschwister. So überzog ich immer meine Kinderkrankheiten. Dann fühlte ich mich schrecklich elend und zeigte das auch in dramatischen Aufführungen.

Und der Erfolg meiner Aufführungen gab mir Recht. Da verwöhnte mich nämlich meine Mutter mit Omelette und Mandarinen, die sie mir mit viel Liebe am Bett servierte. Hatte ich genug dieser Liebesbeweise, konnte ich wieder munter an die Arbeit gehen.

Später, als ich auch im Krankenhaus arbeitete, merkte ich, wie wenig Zuwendung und Liebe die Kranken in Wirklichkeit bekommen. Von da an wollte ich möglichst nicht mehr krank sein, weil ich das Gefühl hatte, daß ich den anderen nur damit auf die Nerven falle. Erst in der Frauenwohngemeinschaft entspannte sich dieses Verhalten.

Aber zurück zu meiner Kindheit: Als typisches Mädchen wurde ich von zu Hause nicht erzogen, das kam erst später. Die meisten Ansätze meiner Mutter, mich zur Hausarbeit zu bewegen, scheiterten an meinem Widerstand, weil ich genauso behandelt werden wollte wie meine Brüder. Und wenn die nicht spülen wollten, tat ich es auch nicht. Dafür konnte ich schon früh mit Landmaschinen umgehen, was mein Selbstbewußtsein hob.

So ließ ich mir nach dem vierzehnten Lebensjahr nichts mehr vorschreiben. Und ich kam durch mit meinem Dickkopf, was mich noch mehr bestätigte. Ich habe fünf Jahre die Volksschule besucht – eine Zwergschule –, 65 Kinder in zwei Klassenräumen – und ging dann zur Realschule.

Die Realschule hat mir mißfallen, zumal ich dort zur kleinen Hausfrau erzogen werden sollte, obwohl wir in gemischten Klassen waren. Die Leute in der Klasse gefielen mir nicht. Trotzdem gehörte ich zu einer Clique, denn wo sollte ich auf dem Dorf sonst hin. Ich machte die schon ab vierzehn auftretenden Techtelmechtel mit den Dorfjungen mit, blieb aber in der Rangliste der Dorf-Teenies immer ziemlich am Schluß, weil ich mich doch nicht so schick und keck schminkte und kleidete. Außerdem war ich immer etwas pummelig, was natürlich den Punkten auf der Schönheitsskala mächtig schadete.

Nur wenn ich in der Klasse mit Lehrern über irgendwelche Thesen streiten konnte war ich voll dabei. Nur wenige aus der Klasse hielten mit. Das Fach Religion war für solche inhaltlichen Diskussionen am besten geeignet. Hier war ich absolute Spitze! Da der Unterricht ebenfalls human-katholisch ausgerichtet war, traf sich das mit dem, was ich von meiner Mutter mitbekommen hatte. Gerade die Religionsstunden haben mich in meinem späteren Leben sehr beeinflußt.

Nach der Mittleren Reife ging ich auf eine konservativ-katholische Fachoberschule für Mädchen / Fachrichtung Sozialwesen. Da der Anfahrtsweg zu weit war, mußte ich dort im Internat wohnen. Bis auf eine Freundin hatte ich zu den Mitschülerinnen keine gute Beziehung. Mädchen aus gutem Hause – oder aus Elternhäuser, wo die Eltern nicht mit ihren Töchtern fertig werden konnten. Sie hatten nur ihre Kleidung, ihre Typen und Schlager im Gehirn.

Wir wurden von der Schule ganz auf Hausfrau getrimmt. So mußten wir z. B. drei Stunden lang einen Wollpullover waschen. Wie damit eine Frau, die fünf Kinder hat, fertig werden soll, konnten mir die Lehrerinnen nicht beantworten. Meine Mitschülerinnen konsumierten auch den Unterricht wie Fernsehen oder Schlager. Nur selten setzten sie sich damit auseinander. Und selbst diese Ansätze verstarben nach kurzer Zeit in Resignation.

Ich legte mich mit der Rektorin der Schule an, wobei mir die Mitschülerinnen vorher Unterstützung zugesagt hatten – denn es ging um allgemeine Schulangelegenheiten, mich dann aber doch im Stich ließen, denn Solidarität war nicht im Lernprogramm, so verließ ich die Schule.

Nach der Fachoberschule gammelte ich fast ein Jahr herum. Ich jobbte, um mir Geld für Fahrten zu verdienen – ansonsten half ich mit auf dem Hof. Meine Eltern hatten nichts dagegen, als ich mir mit gerade siebzehn Jahren eine eigene Bleibe suchte. Dann bin ich herumgezogen, um eine gescheite Arbeit zu finden. Entsprechend meiner Erziehung und Schulkarriere wollte ich was «Soziales» lernen.

Da ich keine Praktikumsstelle in der Kinderarbeit fand, landete ich in einem Altenheim. Die Arbeit gefiel mir, und ich bin seit 1972 dabeigeblieben. Das war damals ein neues, fast unerschlossenes Arbeitsfeld, wo ich voll zulangen und ständig neue Ideen für eine verbesserte Altenhilfe ausprobieren konnte.

Im März 1978 gründete ich mit einigen Freunden den Verein Freie Altenarbeit e. V. Wir helfen alten, kranken oder behinderten Bürgern, die nicht in ein Heim wollen. Da wir auch gegen Mißstände in Alten- und Pflegeheimen öffentlich vorgehen, hatten wir schon einige Auseinandersetzungen mit den etablierten Wohlfahrtsverbänden und Vertretern der Stadt Bielefeld.

Ich hab das aufgeschrieben, um mir und anderen zu erklären, wie ich bis zum Herbst 1978 meine Welt sah:
– ein Mann darf sich wehren, eine Frau nicht,
– ich hab nicht gelernt, voll zuzuschlagen,
– als Frau muß ich immer für den anderen mitdenken und mitfühlen,
– ich muß selbst mit dem Angreifer noch Mitleid haben, da er ja so kaputt ist,
– ich darf den anderen nicht verletzen,
– wir Frauen müssen immer Rücksicht nehmen und demütig sein,
– für alles müssen wir Verständnis zeigen,
– ich muß Opferbereitschaft im Leben haben.

Dieses Bewußtsein verstärkte meine Unterlegenheit. Das zeigte sich an dem Tag, als es darauf ankam. Ich wehrte mich zwar heftig, aber ich hatte es nicht gelernt, mich gezielt und sachlich zu verteidigen. Ich hatte Angst, daß der Vergewaltiger mich umbringen würde, falls ich ihn nicht ausreichend schwer verletzen würde. Zum anderen war ich auch davon durchdrungen, daß ich ihn nicht schwer verletzen durfte. Er konnte ja etwas davon «zurückbehalten». Welche Schuld hätte ich dadurch auf mich geladen. Um das noch mal klar zu sagen: Ich lehne diese Erziehung nicht ab. Ich werfe meiner Mutter nichts vor, denn sie ist ja selbst in diesem Sinn erzogen worden. Ich finde sogar weite Teile davon sehr gut. Durch meine Erziehung habe ich das Gefühl, vieles menschlicher und emotionaler angehen zu können. Da ist nur das Problem, daß unsere Welt auch ein dickes Stück brutal, kalt, ausbeuterisch und feindlich ist. Und das hätte ich auch lernen müssen; auch, wie ich als Frau mit diesen Feindschaften fertig werden kann. Um mir das beizubringen, waren sie doch alle zu prüde und wohl auch nicht genügend darauf eingestellt. Sonst hätten sie mir ja vielleicht mal was vermittelt.

Erfahrungen mit Gewalt

Von zu Hause habe ich lediglich mitbekommen, daß ich abends nicht allein gehen sollte. Es könnte ja was passieren. Man liest es ja immer wieder in den Zeitungen. Und was der Fernseh-Zimmermann in der Sendung *XY-Ungelöst* alles bringt. Da packt einen doch das rechte Grausen. Über Sexualität wurde zu Hause kaum gesprochen. So wurde ich ermahnt, der Gefahr aus dem Wege zu gehen, und nicht, mich zu wehren, wenn ich angegriffen würde.

In der Schule wurden wir Mädchen nicht über die Möglichkeit einer Vergewaltigung unterrichtet. Über so was sprach man eben nicht. Es hätte womöglich zu peinlichen Fragen geführt, z. B.: «Warum machen die das denn?» Und bei der Beantwortung solcher Fragen wäre man vielleicht auf peinliche gesellschaftliche Zusammenhänge gestoßen.

Die Problematik hat mich erst berührt, als ich 1974 in die Stadt zog. Da las ich in der Tagespresse oft etwas über die «Sittenverbrechen». Es hat mich zwar geschockt, aber ich bin kaum auf den Gedanken gekommen, daß auch ich gefährdet bin. Mir sagte mein Selbstvertrauen, daß mir so etwas nicht passieren könnte. Ich fühlte mich stark und «diesen Männern» gewachsen. Ich dachte auch, daß sich diese Männer eher Frauen suchen, die nachts in finsteren Gegenden mit Miniröcken und Stöckelschuhen durch die Gegend tippeln. Ich dachte auch, daß die Frauen selbst dran schuld sind, weil vergewaltigen doch gar nicht richtig geht, wenn sie nicht ein bißchen mitmachen. Sie können sich doch auch wehren. Ich hatte also die üblichen Vorurteile. Bis mir 1974 die Gewalt zum erstenmal begegnete. Auf dem Busbahnhof in Bielefeld lief mir nachts ein Typ nach, den ich abends bei einem theologischen Arbeitskreis gesehen hatte und der mich später in der Kneipe noch kurz angesprochen hatte. Ich wollte aber nach Hause, verabschiedete mich deshalb von meinen Freunden und marschierte ab.

Der Typ kam mir nachgerannt und wollte mit in meine Wohnung, um mit mir zu schlafen. Ich wollte aber nicht, weil ich ihn nicht leiden konnte. Da versuchte er doch, mich auf dem menschenleeren Busbahnhof zu vergewaltigen. Er war geil und zerrte an meinen Kleidern. Wir keilten uns eine halbe Stunde herum.

Ich wagte nicht zu schreien, weil ich Angst hatte, daß er mich dann umbringen würde. Er ließ ständig obszöne Sprüche los, z. B.: «Ich will dich von hinten ficken, das ist besonders toll.» Sein prall aufgestellter Schwanz, den er immer bei mir reiben wollte, verursachte mir Übelkeit und Panik.

Mein Glück war, daß ich einen dicken Wintermantel anhatte. Der Typ war auch ziemlich klein und nicht sehr kräftig. Da er keine Waffe bei sich hatte, versuchte er, mich zu würgen. Dabei riß der Mantel auf. Ich kam ein Stück frei, drehte mich sofort um und raste zu dem Haus zurück, wo ich vorher meine Bekannten verlassen hatte. Zum Glück fuhren gerade drei Leute mit ihrem Auto los. Ich hielt sie an und stieg bei ihnen ein. Ich brachte kaum einen gescheiten Satz zusammen. Ich zitterte am ganzen Körper und heulte erst mal los. Die Leute waren sehr lieb zu mir. Sie ließen mich in Ruhe, bis ich etwas zu mir kam. Dann fuhr ich mit zu ihnen, sie kochten einen Tee, und ich konnte nach und nach erzählen, was vorgefallen war.

Ich schlief in der Nacht bei ihnen und fühlte dadurch die Angst etwas schwinden.

Diese versuchte Vergewaltigung habe ich damals relativ gut überwunden. Vielleicht habe ich auch mehr verdrängt, aber schließlich hatte der Typ es ja nicht geschafft. Mein Selbstbewußtsein war nicht völlig gebrochen. Wie mir Freunde erzählten, ist er später öfter in der Kneipe aufgekreuzt, um mich zu suchen. Ich habe ihn aber nie wiedergesehen. So etwa vier Wochen hatte ich noch jeden Abend Angst, allein zu gehen. Ich konnte mir aber immer wieder einreden, daß schon nichts mehr passieren würde. Und dann auch meine gut anerzogenen und einverleibten Gedanken, daß ich ja vielleicht doch selbst mit Schuld daran war, daß er mir nachlief, weil ich überhaupt mit ihm geredet hatte. Immer wieder muß die Frau die Schuld bei sich selbst suchen. Daß der Typ sich wohl auch an jede andere Frau rangemacht hätte, die ihm gerade passend über den Weg lief – der Gedanke ist mir damals nicht gekommen. Und weil ich mich selbst mitschuldig fühlte, hab ich nichts unternommen. Auch als ich später hörte, daß der Mann schon eine achtzehnjährige richtig vergewaltigt hatte. Denn auch ein befreundeter christlicher Jurist, den ich um Rat fragte, meinte wohl, daß ich eher mit der versuchten Vergewaltigung fertig werden würde als der Täter mit dem Knast.

Über Möglichkeiten, wie ich mit meinem Schock fertig werden sollte, wurde natürlich nicht gesprochen.
– Eine Frau ist eben opferbereit.
– Sie muß immer Nächstenliebe zeigen.

Das gilt dann wohl auch für die anderen gefährdeten Frauen. Auch die sollen Mitgefühl mit dem Vergewaltiger zeigen, wenn sie von ihm angegriffen werden. Und so hat der «arme Triebtäter» einen Freifahrtschein.

Ich will nicht, daß Männer, die vergewaltigen, dafür viele Jahre in den Knast wandern. Dafür habe ich zuviel schlimme Auswirkungen unseres Knastwesens erfahren. Aber ich kann es auch nicht akzeptieren, daß Frauen einfach vergewaltigt werden und daß das dann noch als Kavaliersdelikt angesehen wird. Die Frauen können nicht verantwortlich gemacht werden für die Mängel unseres Strafvollzugs. Bei keiner anderen Straftat kommt man auf die Idee, sich ausschließlich um die beklagenswerten Täter zu sorgen und deshalb die Anzeige zu unterlassen. Wenn einem sozialkritischen Bürger das Auto geklaut wird, geht er auch zur Polizei und überlegt sich nicht, ob der Dieb vielleicht ein heimgeschädigtes Kind ist, das nicht beurteilen kann, was es klaut. An Frauen wird immer der Appell gerichtet, die eigenen Interessen zurückzustellen und sich sorgenvoll um den männlichen Mitmenschen zu kümmern.

Das war mir damals noch nicht klar. Trotz der Erfahrung von ganz massiven Anmachereien auf der Straße oder beim Trampen habe ich einfach nicht kapiert, daß ich mich wehren muß. Ich dachte auch nicht genug über die Folgen nach, die es für andere Frauen hat, wenn ich nicht anzeige. War eben nichts mit der Frauensolidarität. Das mußte ich erst noch lernen durch den bitteren Prozeß der Vergewaltigung im September 1978.

Vor der Vergewaltigung war ich in keiner Frauengruppe. Mit dem Thema Gewalt gegen Frauen habe ich mich vorher nie befaßt. Ich fühlte mich immer noch nicht gefährdet. Ich vertraute darauf, daß ich schon allein klarkommen würde und daß es zu einer richtigen Vergewaltigung nicht kommen würde. Schließlich war ich immer recht gut aus der Klemme gekommen.

Ich – mit meiner pummeligen, eher unweiblichen Figur und wohl auch in der Kleidung eher unscheinbar – dachte, daß die Typen mich nicht als ihr Opfer aussuchen würden.

Aber der Mann – heute weiß ich, daß er mit Vornamen Günther heißt – hatte gerade mich angepeilt. Ich war für ihn ein günstiges Freiwild. Und es machte ihm auch nichts aus, daß es noch heller Tag war. Er fühlte sich so sicher, daß er sein Vorhaben in die Tat umsetzte, als Paul den Laden verlassen hatte.

Es erscheint mir heute geradezu wahnsinnig, daß mein erster Gedanke bei seinem Anblick war: Oh, sieht der aber kaputt aus. So erzeugte dieses kaputte Aussehen auch gleich Mitleid bei mir. Geradezu fürsorgliche Gedanken kamen mir, diesen Mann besonders nett über unsere Arbeit im Umweltzentrum zu informieren.

Da hatte Günther mich ja genau mit der richtigen Einstellung angetroffen. Er nutzte es voll aus. Ich trat und schlug eben nicht genügend brutal um mich, wehrte mich zwar heftig, aber eher passiv. Was half da schon ein Biß in seine Hand. Das ließ ihn völlig kalt. Ich hoffte immer noch, mit ihm reden zu können. Ich dachte, ich könnte ihn überreden, doch Mitleid mit mir zu haben – mit einer armen, schwachen Frau! Ich glaubte doch wirklich, sein Herz erweichen zu können, damit er von mir abließ. Ich bettelte!

Aber ich schaffte es nicht. Ich konnte überhaupt nicht überzeugend mit ihm reden. Er ließ sich auf nichts ein. (Schlimm genug, daß ich mich wie eine Handelsware verhielt und nicht wie eine Frau, die eine Mordswut auf einen Typen hat, der meint, mit mir machen zu können, was ihm gerade so gefällt.) Er wollte mich ganz erniedrigen! Ich war wehrlos, als ich merkte, daß ich gegen seine Brutalität, seine Schläge, sein Würgen und seine Abgestumpftheit nicht ankam. Nichts versetzt schneller in Panik als Atemnot, und der Mann hat mich sehr früh gewürgt.

Ich konnte ihm nicht in die Eier treten. Einmal, weil ich ihn nicht von mir drängen konnte, und zum zweiten, weil ich Angst hatte, ihn wirklich schwer zu verletzen. Ich kämpfte dann nur noch ums Überleben.

Und Angst war da – daß er mich krankenhausreif schlägt. Der Gedanke, daß ich doch meine alten Leute versorgen mußte, machte mich noch gefügiger. Was sollten die ohne mich machen, wenn ich im Krankenhaus lag oder tot war.

Hätte ich nicht an die anderen, hätte ich nur an mich gedacht! So ließ ich meine Würde zerbrechen.

Irgendwann während der Keilerei merkte ich, daß Günther es

schaffen würde! Ich war total groggy. Nur überleben wollte ich. Die Angst vor einer Schwangerschaft trieb mich dann noch einmal aus meiner Resignation heraus. Ich redete heftig auf Günther ein. Und ich war froh, daß er sein Glied vor dem Samenerguß herauszog. Mein Unterleib war während der Vergewaltigung ganz taub. Ich wollte meine Gefühle nicht mit dem konfrontieren, was geschah.

Nach der Vergewaltigung ließ ich auch die Fesselung und das Knebeln über mich ergehen – aus Angst, daß der Mann mich sonst noch umbringen würde. Günther schien es egal zu sein, daß ich da so halbnackt und gefesselt vor ihm lag. Er hatte seine Befriedigung gehabt. Er war Herr der Lage, und gleichgültig bereitete er seinen Abmarsch vor. Er hatte sein Wild erlegt.

Seine massive Drohung, mir etwas anzutun, falls ich ihn anzeigen würde, verfolgt mich heute noch. Das mag zwar ein üblicher Spruch von Vergewaltigern sein, aber für mich klang es lebensgefährlich.

Die Tage danach

In den ersten Tagen nach der Vergewaltigung war ich noch ganz in meiner hilfreichen Rolle. Erst die Reaktionen vieler Bekannte, Freunde und Verwandte haben mich verändert. Die meisten reagierten nämlich nicht so, daß es mir geholfen hätte.

Am zweiten Tag nach der Vergewaltigung ging es mir zunehmend schlechter. Nachmittags kamen Freunde, die davon gehört hatten. Da sie sahen, wie dreckig es mir ging, erklärten sie sich bereit, die notwendigen Hausbesuche für mich zu übernehmen. Ich hab mich auch sehr über diese spontane Hilfsbereitschaft gefreut, weil ich dadurch erst mal zur Ruhe kam.

Danach legte ich mich ins Bett. Jetzt begann eine Panikstimmung in mir zu wachsen. Ich glaube nicht, daß ich hätte weiterarbeiten können.

Da mir am Mittwochmorgen immer noch übel war, ließ ich mich überreden, zum Arzt zu gehen. Und da hatte ich einen Glückstreffer. Ich ging zu einer Internistin, die ich schon durch die Altenpflege kannte. Sie war mir als eine ruhige, eher zurückhaltende Frau bekannt. Als ich ihr erzählte, was passiert war, merkte ich, daß sie sehr betroffen war, nicht nur als Ärztin, sondern als Frau, die sich mit mir solidarisierte.

Ich hatte nicht das Gefühl – wie beim Frauenarzt –, mich rechtfertigen zu müssen. Sie untersuchte mich gründlich und stellte einige Fragen, die mir zeigten, daß sie mich ernst nahm und mich nicht quälen wollte.

Es fiel mir leichter, mit ihr als Frau darüber zu sprechen. Sie bot mir an, mich krankzuschreiben und mir ein Beruhigungsmittel zu verschreiben. Ich wollte das jedoch erst mal nicht, weil ich hoffte, auch so klarzukommen (da hatte ich mich aber gründlich überschätzt).

Nach dem Besuch bei der Ärztin war ich etwas beruhigter. Abends war die Sitzung des Arbeitskreises Umwelt. Ich fühlte mich stark genug, dort hinzugehen. Als ich in das Zentrum kam, war da zwar die widerliche Erinnerung, aber ich riß mich zusammen, weil ich meinte, sie überwinden zu müssen, sonst könnte ich ja nie wieder dort arbeiten.

Zunächst wollte ich auch in der Gruppe nichts von der Vergewaltigung erzählen. Ich wollte sie nicht damit belasten! Ich hatte auch Angst, sie würden meinen, daß ich mich nur aufspielen wolle.

Aber dann kam kurz vor Beginn der Sitzung Paul (mit dem ich ja am Montagnachmittag zusammen gewesen war) ins Umweltzentrum. Als er mich sah, ging er sofort auf mich zu. «Was ist denn mit dir passiert, du siehst so komisch aus?» fragte er. Mein Gott, man sieht es mir an, schoß es mir durch den Kopf. Der spürt doch tatsächlich etwas, ohne zu wissen, was passiert ist. Ich konnte nur herausbringen: «Ich bin hier am Montag vergewaltigt worden!» Und dann nahm der Paul mich ganz fest und lieb in den Arm. Das tat gut, weil er genau das machte, was mir half: Er gab mir Wärme, ohne mich in Besitz zu nehmen.

Pauls Verhalten ermutigte mich dann auch, den Mitarbeitern des AK Umwelt meine Vergewaltigung zu erzählen. Ich wollte doch auch die anderen Frauen warnen, weil der Typ doch wiederkommen konnte.

Und mit diesem Erzählen begann eine Kette von Frustrationserlebnissen.

Ich arbeitete damals immerhin schon eineinhalb Jahre in diesem Arbeitskreis aktiv mit. Wir haben gemeinsam Aktionen geplant, Demonstrationen mitgemacht, das Umweltzentrum aufgebaut. Alles im gemeinsamen Bewußtsein, daß wir uns wehren wollen gegen ein lebensgefährdendes Atomprogramm.

So dachte ich, daß die Mitarbeiter sich auch mit mir solidarisieren würden. Eben nicht nur gegen das Atomprogramm, auch gegen Gewalt an Frauen und auch, weil es im gemeinsamen Umweltzentrum passiert ist.

Ich erzählte meine Erlebnisse und schilderte auch meinen gesundheitlichen Zustand. Ich schrie nicht, ich tobte nicht. – Ich war ganz ruhig, zumindest äußerlich. Im Inneren war es mir elend übel. Aber ich verdrängte das. Nachdem ich erzählt hatte: – Betroffenes oder ungläubiges Schweigen. Verlegenheit – wie sollen sie reagieren? – In den Arm nehmen ist nicht möglich – so etwas tut man nicht in einer Sitzung. Ich hatte das Gefühl, daß sie mir nicht glauben wollen oder nicht glauben können! Bei einer Frau merke ich die ehrlichste Offenheit, aber ich spüre sie höchstens, denn sie ist nicht in der Lage, mehr zu geben. Sie scheint blockiert.

Und dann kommt so eine Bemerkung, daß ich abends nicht mehr allein gehen darf. Ach Karl, willst du etwa eine ständige

Begleittruppe für mich aufstellen? Talent zum Organisieren hast du ja. Aber ich brauche keine Eskorte – ich brauche jetzt Nestwärme, Zärtlichkeit und Verstehen. Sonst glaubt ihr mir doch immer alles – warum jetzt diese ungläubigen Blicke?

Und ich wünsche mir zum erstenmal, daß der Typ mich doch am besten krankenhausreif geschlagen hätte. Dann bekäme ich vielleicht eher Solidarität und Zuwendung. Ich hätte nicht so das Gefühl, die Vergewaltigung beweisen zu müssen. Jetzt scheinen die Gruppenmitglieder eher Angst zu haben, sich mit meiner Situation auseinanderzusetzen.

Und dann begehe ich selbst einen irrsinnigen Fehler: Ich sage: «Ihr braucht euch um mich keine Sorgen zu machen, ich werde schon damit fertig.»

Wieder diese Selbstüberschätzung. Warum habe ich das gesagt? Wollte ich meinen letzten Rest an Selbstsicherheit noch beweisen? Oder wollte ich damit diese rein organisatorisch-rationalen Hilfsangebote abwehren. Ich denk mir, daß ich das nicht gesagt hätte, wenn mich die Leute in den Arm genommen hätten und stärker auf mich eingegangen wären, indem sie z. B. gefragt hätten: Und nun, meinst du, daß wir dir weiterhelfen können?, oder: Das muß sehr schlimm gewesen sein. Warum haben wir nie an die Möglichkeit gedacht, daß so etwas hier passieren würde? Ich weiß, daß die einzelnen Mitarbeiter teilweise überfordert waren, sofort zu reagieren, aber daß sie sich so fremd und ablehnend verhielten, hätte ich nicht geglaubt. Und ich mußte natürlich meine Rolle bewahren. Auch ich konnte eben nicht anders reagieren, wie ich es sonst auch tat in dieser Runde. Ich wollte mein Selbstbewußtsein erhalten.

In der Gruppe lief dann noch eine Diskussion über eine eventuelle Anzeige der Vergewaltigung bei der Polizei. Und Karl ist mal wieder mit Worten hilfsbereit: «Wir müssen der Theresia jetzt helfen. Jemand muß mit zur Polizei und später zum Prozeß. Die Theresia darf das nicht allein machen!» Ja, Karl, im Prinzip hast du ja recht. Aber wo warst du später? Hast du dich an der Diskussion über eine Anzeige beteiligt? Warst du mit bei der Polizei? Hast du mich besucht, als ich nicht mehr arbeiten konnte? Nein, du warst nicht da! Du wolltest an diesem Abend nur dein Gewissen erleichtern, als du die anderen zum Samaritertum (sie sollten der Theresia helfen, nicht du!) auffordertest. Laß doch lieber diese Sprüche, wenn du nicht selbst dahinterstehst! Und auch die anderen meine ich, die sich in ihr Schnekkenhaus zurückgezogen haben und sich da nicht so recht raustrauen. Auch wenn ich erst gesagt habe, daß ich schon allein damit fertig werde, hättet ihr doch mal fragen können, wie es mir später erging.

Seid ihr zu verklemmt, zu wissenschaftlich abgehoben, daß ihr nicht darüber nachdenken könnt, was wohl weiter bei mir ablief? Oder seid ihr noch voll dicker Vorurteile. Meint ihr, daß ich euch etwas vorspiele? Meint ihr, ich müßte mich mit einem solchen Erlebnis ins Licht stellen? War es euch nicht wichtig genug, daß ihr Gefühle für meine Situation investiert?

Ihr wußtet doch, daß ich wochenlang nicht voll arbeiten konnte. Oder habt ihr es nicht mitgekriegt, weil euch der Uni-Alltag schon so abgestumpft hat?

Sicher – ich konnte es euch nicht ins Gesicht schreien, daß ich nicht allein klarkam und daß ich erschrocken war über euer kühles, unsolidarisches Verhalten. Haben wir uns in der ganzen Zeit unserer gemeinsamen Arbeit so wenig kennengelernt, daß ihr nichts von dem ahnen konntet, was bei mir ablief? Oder war es eure innere Ablehnung? Wolltet ihr es nicht möglichst schnell vergessen, daß so etwas im Umweltzentrum passiert ist? Ich war nicht in der Lage, euch aufzurütteln.

Die Anzeige

Am Donnerstag (7. 9.) fühlte ich mich so schlecht, daß sich langsam eine tiefe Wut auf den Mann entwickelte, der mich vergewaltigt hatte, nicht die Vergewaltigung selbst war nun das Schlimmste, sondern die Nachwirkungen. Bei jedem Geräusch wachte ich nachts auf. Jedes gewöhnliche Geräusch in der Wohnung (wie Fensterschlagen, Küchengeräusche) schreckte mich auf. Ich saß dann senkrecht im Bett. Das Herz klopfte wie ein Preßlufthammer und ich versuchte, mit meiner Panikstimmung fertig zu werden. Dann konnte ich nur schlecht wieder einschlafen.

Am Tage fühlte ich mich schlapp. Nach jeder Anstrengung hatte ich Herzrasen. Ich stand ständig unter einem inneren Druck, mit dem ich nicht fertig wurde.

Und meinen Besuchern mußte ich alles erklären, denn äußerlich sah man mir nicht viel an, außer vielleicht dem blassen Gesicht. Das war sehr anstrengend, weil sich mein Magen dabei verkrampfte und mir regelmäßig übel wurde.

Und weil ich mit meinem Ohnmachtsgefühl nicht mehr fertig wurde, weil ich es nicht mehr akzeptieren wollte, all das zu ertragen, ohne mich wehren zu können, überlegte ich mir dann doch, eine Anzeige gegen den Vergewaltiger zu erstatten. Ich rief bei der Polizei an. Der zuständige Sachbearbeiter sei nicht da, sagte man mir, und ich solle es später noch einmal versuchen. Daß jeder Polizist die Anzeige aufnehmen muß, wußte ich damals noch nicht. Am Donnerstag erreichte ich nichts mehr. Am Freitag bekam ich den zuständigen Sachbearbeiter ans Telefon, der mir dann glatt sagte: «Wenn Sie schon bis heute gewartet haben mit der Anzeige, reicht es auch, wenn Sie am Montag zu den Bürostunden kommen.» So hatten sie mich erst mal wieder abgewimmelt. Da ich immer noch nicht sicher war, ob ich Anzeige erstatten sollte oder nicht, bat ich am Samstag einige Bekannte und Freundinnen, zu mir zu kommen, um gemeinsam über eine Anzeige zu diskutieren.

Am Samstagabend waren dann acht Leute da. Mit einiger Zähigkeit lief das Gespräch an. Ich erzählte, wie es mir ging und warum ich den Mann jetzt wahrscheinlich doch anzeigen wollte. Ich wollte meiner Wut ein Ventil bieten, um damit besser fertig zu werden. Meine Freunde, auch die Frauen, sagten, daß ich mir das doch noch sehr überlegen sollte. Einige vertraten die Position, daß es doch besser sei, andere Möglichkeiten des Protestes zu suchen, z. B. eine Demonstration. Aber auf meine Frage, wer denn so eine Demonstration organisieren wollte, kam keine Antwort. Das sollte ich dann wohl auch noch selbst machen, aber dafür war ich damals doch viel zu kaputt! Ich weiß doch selbst, daß Knast was Schlimmes ist und daß er dem Typ nicht hilft. Ja, daß er vielleicht sogar danach weiter vergewaltigt. Aber wer schützt die Frauen, die er jetzt zu dieser Zeit vergewaltigt? Sollen wir denn alle nur schweigen? Und wie werde ich mit meiner Angst fertig? Ich habe doch im Moment keine andere Möglichkeit, mich zu wehren!

Einer sagt dann etwas sehr Gutes: «Theresia, du mußt dich wehren, und wenn die Anzeige eine Möglichkeit ist, dich zu wehren, dann mußt du anzeigen!» Das war für mich ein entscheidender Satz. Ja, ich wollte mich endlich wehren, sonst kam ich nicht mehr los aus meiner Panikstimmung. Ich hatte große Angst, noch mal irgendwann vergewaltigt zu werden. Und das Gefühl, nichts dagegen tun zu können, würde mich dann mit Sicherheit verrückt machen.

Zwei Freunde (die sich auch gegen eine Anzeige ausgesprochen hatten, aber mir trotzdem irgendwie helfen wollten) erklärten sich bereit, am Montag mit zur Polizei zu gehen.

Ich sprach in diesen Tagen auch mit Paula. Sie hatte vorher im Frauenzentrum Bielefeld in einer Gruppe «Gewalt gegen Frauen» mitgearbeitet. Diese Gruppe hatte vier Monate einen Telefonnotruf für vergewaltigte Frauen durchgeführt. Da sich aber in dieser Zeit keine Frau dort meldete, gaben sie die Aktion auf.

Paula hatte aber in dieser Gruppe viel gelernt über die Problematik von Gewalt gegen Frauen. Sie hatte Podiumsdiskussionen an Schulen veranstaltet. Sie wußte auch, daß die Bielefelder Frauenärzte sich in der Mehrzahl sehr passiv gegenüber vergewaltigten Frauen verhielten.

Sie verstand, was in mir ablief. Sie erklärte sich auch bereit, mit zur Polizei zu gehen.

Ich war dann auch noch beim katholischen Studentenpfarrer. Wir kennen uns schon seit einigen Jahren. Es war mir wichtig, auch aus der theologischen Perspektive über eine Anzeige zu sprechen und dazu auch seine persönliche Meinung zu hören. Der Pater war ziemlich geschockt, als ich ihm von der Vergewaltigung erzählte. Er meinte aber auch, daß ich den Mann anzeigen müßte. Einmal würde er ja auch wahrscheinlich weiterhin Frauen vergewaltigen, und zum anderen sei das zur Zeit die einzige Möglichkeit, mich zu wehren. Ich fühlte mich ermutigt.

Am Montag (eine Woche nach der Vergewaltigung) marschierten wir zur Polizei, auf den widerlichen Behördenweg. An der Pforte wurden die Personalausweise eingesehen. Dann zu den Sachbearbeitern. Wie es eben so ist, sind das Männer. Sie machten ein erstauntes Gesicht, als wir dort zu viert ankamen. «Wer ist die Betroffene? Aha, gut, Frau Brechmann, dann erzählen Sie mal, was vorgefallen ist.» Und dann die später oft wiederholte Frage: «Warum zeigen Sie denn erst so spät an?» Ich versuchte zu erklären, daß ich erst Skrupel gehabt hätte und daß man mich ja dann von Donnerstag ab auf Montag vertröstet habe.

Ich forderte auch eine Beamtin (Paula hatte mich darauf hingewiesen, daß ich das Recht hätte, mit einer Frau zu sprechen). Etwas erstaunt, weil die Sachmänner ja doch später den Fall bearbeiten würden, erklärten sie sich dann aber doch bereit, eine Kollegin zu holen.

Und dann kam diese Frau mit ungeduldigem Gesicht in den Raum gestürmt. Die Polizeibeamten scheinen wohl in diesen Abteilungen alle überarbeitet zu sein! Die Beamtin fragte: «Wer gibt die Anzeige auf? – Aha, Sie! – Na, dann kommen Sie mal mit!» Wir wollten aber alle mitgehen, was sie energisch ablehnte mit der Begründung: «Wenn wir Kinder wegen eines Diebstahls befragen, spreche ich auch mit ihnen allein, und wenn Sie» (mit dem Finger auf mich zeigend) «jetzt nicht sofort mitkommen, müssen Sie sehen, wo Sie ihre Anzeige loswerden. Ich habe schließlich noch mehr zu tun.» Sprachs und drehte sich in der Tür um, mit der klaren Aufforderung, ihr jetzt zu folgen. Meine Bekannten wurden inzwischen in einem Wartezimmer untergebracht.

Ich folgte also, schon sehr frustriert, dieser hektischen Dame in ihr Büro. Sie war wohl vom Diebstahldezernat und nicht vom Sittendezernat. Da lief keine Frauensolidarität. Sie tippte dann auf ihrer Schreibmaschine los. Name, Anschrift, wo – wie – wann etc. Alles wollte sie genau wissen – und auch was und warum ich im Umweltzentrum arbeitete. Dann folgte die Beschreibung des Täters und der Verlauf der Vergewaltigung. Als ich dann auf die Beschreibung der eigentlichen Vergewaltigung kam, wollte die Beamtin plötzlich nichts Genaues mehr wissen.

Warte, dachte ich, wenn du bis jetzt alles genau wissen wolltest, sollst du dir das auch noch anhören. Als ich dann alles so beschrieb, wie es gewesen war, wurde die Sachfrau sichtlich nervös und atmete auf, als sie den «Geschlechtsakt zu den Akten» legen konnte. Sie versteckte sich hinter ihrer Beamtenrolle, um nicht Gefühle zeigen zu müssen.

Nach zwei Stunden hatte ich das Protokoll (vier DIN-A4-Seiten) unterschrieben und sollte nun die Bilderkartei der in Frage kommenden Täter ansehen. Ich fand ein Gesicht, daß dem Mann ähnelte, der mich vergewaltigt hatte. Ich hatte einen so starken Widerwillen, daß ich mich nicht richtig konzentrieren konnte. Das war ein ekelhaftes Gefühl, lauter Köpfe, Augen, Schultern, Körper von Männern ansehen zu müssen, die bekannt sind als «Sittenverbrecher».

Ich war davon überzeugt, daß mein Vergewaltiger ein Profi war und daß er auch schon im Knast gesessen hatte, deshalb war ich sicher, daß man ihn doch finden müßte.

Die Beamten konnten damit aber nicht viel anfangen, zumal mir keine besonderen Merkmale einfielen. Ich stand auch so stark unter dem Schock, daß ich mich nicht richtig konzentrieren konnte.

Die Beamten waren erstaunt, daß meine Bekannten auf mich gewartet hatten. Ich war froh, endlich wieder ihre Gesichter zu sehen.

Ich fuhr nach Hause, um das Beweisstück der Tat, meinen Schlüpfer, zu holen. Wieder bei der Polizei, wurde ich an einen anderen Beamten verwiesen, da meine Sachbearbeiter nicht mehr da waren.

Jetzt begann ein wahres Zeremoniell mit der Unterhose. Der Beamte nahm wieder ein Protokoll auf, fragte mich wieder, warum ich mit der Anzeige erst so spät käme und ließ mich dann das Protokoll unterschreiben. Dann nahm er feierlich einen großen braunen Briefumschlag, knickte diesen fein säuberlich in der Mitte und stanzte zwecks guter Belüftung meiner Unterhose akkurat einige Löcher in das Kuvert. Dann nahm er vorsichtig mit spitzen Fingern die Unterhose und schob sie sanft in den Umschlag, um sie nach Düsseldorf zu schicken. Dort kann man an Hand des Spermienbefundes untersuchen, welche Blutgruppe der Täter hat.

Als weiteres Beweismittel mußte ich die ärztlichen Atteste ranschleppen. Die Internistin schrieb einen ausführlichen Untersuchungsbericht und händigte ihn mir ohne irgendwelche Schwierigkeiten und kostenlos aus.

Als ich dann zum Frauenarzt kam, erlebte ich das Gegenteil. Er hatte nur ein paar unverbindliche Zeilen geschrieben, dafür sollte ich dann noch 20 DM Bescheinigungsgebühr bar auf den Tisch legen. Als ich mich gegen diese Geldforderung wehrte, fuhr der Arzt mich an, daß ich ja die Bescheinigung dalassen könnte. Wenn ich sie jedoch sofort haben wollte, müsse ich schon 20 DM bezahlen. Also suchte ich mein letztes Geld zusammen und bezahlte dieses nichtssagende Attest.

Der Kripobeamte sagte mir später, daß der Frauenarzt das hätte gar nicht von mir verlangen dürfen. Er hätte mir das Attest kostenlos aushändigen und der Kripo eine Rechnung schicken müssen. Ich erhielt dann von der Kripo die 20 DM ersetzt. Na – immerhin!

Auch wenn diese Anzeige sehr belastend für mich war, war ich froh, daß ich sie gemacht hatte. Irgendwie fühlte ich mich anschließend erleichtert. So als käme zumindest ein kleiner Stein ins Rollen. Vielleicht auch ein Teil wiedergewonnenes Selbstbewußtsein.

Einige Tage später riefen die Beamten mich zu Hause an. Sie wollten in einer halben Stunde mit mir in das Umweltzentrum – den Tatort besichtigen. Ich versuchte noch Freundinnen zu erreichen, die mit mir gehen sollten. Aber ich erwischte keine. Als die beiden Sachmänner der Kripo auftauchten, raste mir das Herz schon wieder wie ein Preßlufthammer in der Brust herum.

Ich fuhr also allein mit den Beamten in das Umweltzentrum. Sie ließen sich den Tathergang noch mal kurz schildern. Als sie sich die Plakate an den Wänden ansahen, darunter auch Aufrufe zu Demonstrationen, fragte mich der Sachmann, ob ich auch auf der Demonstration in Kalkar gewesen sei. Weil ich an dem Tag arbeiten mußte, war ich nicht in Kalkar gewesen. Aber bei dieser blöden Frage und dem wißbegierigen Fragen nach meiner Arbeit im Umweltzentrum ging mir doch so der Gedanke durch den Kopf, daß es anscheinend bei einer Atomkraftgegnerin nicht so schlimm ist, wenn sie mal vergewaltigt wird. Nur so ein klammheimlicher Gedanke. Auch Beamte sind nicht gegen Vorurteile gefeit!

Es wurden dann noch Fotos von den «markanten» Stellen der Tat aufgenommen. Der eine Beamte fragte mich nach besonderen Merkmalen in der Sprache des Täters. Mir war zwar etwas in der Sprache aufgefallen, aber ich konnte mich nicht erinnern, was es war. Und dann kam diese brutale Frage von dem Sachmann: «Ja, wie hat der Mann sich denn zum Beispiel ausgedrückt, als er Ihnen befahl: ‹Los, nimm das Glied in den Mund!›» Ich bekam einen Schock. Warum ausgerechnet diese Frage? Ich hatte das Gefühl, mein Kopf wurde rot wie eine überreife Tomate. Keine gescheite Antwort kriegte ich heraus. Ich fühlte mich gedemütigt. Ich merkte, wie schlimm es sein kann, ohne Freunde diesen Beamten gegenüberzustehen. Ich bin davon überzeugt, daß der Beamte sich diese Frage nicht erlaubt hätte, wenn ich nicht allein gewesen wäre.

Durch mein beklommenes Verhalten wurde ihm wohl doch bewußt, daß er zu weit gegangen war. Die Tatortbeschreibung wurde schnell beendet und ich konnte gehen. Ich fühlte mich sehr einsam. Mein Selbstvertrauen schien immer mehr abzubröckeln.

Ich bin sonst eher eine Frau, die sich so leicht nichts gefallen läßt. Fast immer bin ich fröhlich, weil ich mir Leben bestätige durch mein Handeln, daß ich zu verteidigen weiß.

Aber nach dieser Befragung im Umweltzentrum war ich wochenlang depressiv. Das wurde noch verstärkt durch das Verhalten meiner Freunde.

II. Die anderen

Die alten Freunde weichen zurück

Ich will versuchen zu erklären, welche wichtige Rolle Frauen und Männer aus dem Freundeskreis für eine vergewaltigte Frau haben. Ich will versuchen zu erläutern, warum ich mich von vielen verlassen und verhöhnt gefühlt habe.

Zum Zeitpunkt der Vergewaltigung wohnte ich noch mit Hans zusammen. Wir hatten früher über ein Jahr eine nette, freundschaftliche Beziehung. Sie war schon vor unserem Zusammenziehen kaputtgegangen. Wir schliefen miteinander, und es machte uns Spaß, uns zu lieben und miteinander zu reden. Wir taten uns nichts, aber wir erfüllten auch nicht unseren Alltag mit unserer Beziehung. Wir verstanden uns eben gut. Aber dann entwickelten wir uns doch auseinander, und deshalb löste sich die engere Bindung.

Wir zogen dann nur zusammen, weil wir beide eine Wohnung benötigten. Hans wollte später sowieso wieder auszuziehen, zumal ihm die Wohnung zu dunkel war.

In den ersten Tagen nach der Vergewaltigung war Hans auch sehr lieb zu mir. Er war behutsam, zärtlich besorgt und hilfreich. Aber nachdem das Spannende, das Aktuelle verlorenging, hatte ich das Gefühl, das Hans kaum noch wahrnahm, was bei mir ablief. Er hatte eine neue Zweierbeziehung begonnen, die ihn viel beschäftigte.

Trotzdem hätte er merken müssen, daß es mir ständig dreckig ging. Wenn ich Hans erklären wollte, warum ich mich so elend fühlte, schien es, daß er es nicht kapieren wollte. Jeden Tag wurde die Spannung zwischen uns größer. Ich hatte mich nach der Vergewaltigung doch krankschreiben lassen, weil ich die Arbeit nicht mehr schaffte. Ich konnte z. B. die alten Leute nicht mehr heben und deshalb auch nicht betreuen. Da ich sehr unruhig war, ließ ich mir ein Beruhigungsmittel verschreiben. Davon schluckte ich täglich vier Tabletten.

Vor allem abends ging es mir mies. Ich bekam oft Heulkrämpfe und hatte das Gefühl, da nicht mehr herauszukommen. Nur wenn ich die Tabletten einnahm, verfiel ich in eine Lethargie, die es mir ermöglichte, überhaupt einigermaßen zu schlafen.

Zu Hans' Freundin Ulla hatte ich vorher eine nette, relativ

oberflächliche Bekanntschaft. Ich mochte sie gern, aber seit sie mit Hans zusammen war, übertrug ich oft meine Aggressionen gegenüber Hans auch auf sie.

Dann kam eine schlimme Szene. Hans brachte Ulla abends mit in unsere Wohnung. Ich war vorher schon deprimiert. Ich konnte sowieso keine Liebespaare sehen. Ich konnte deren Lachen und Geplänkel nicht ertragen. Auf der Straße beobachtete ich bei Paaren ständig den Mann, wie er mit der Frau umging und ob er gewalttätig wurde.

Als Hans und Ulla dann im Bett lagen und ich von meinem Zimmer aus ihr Reden und Lachen hörte, drehte ich durch. Ich bekam einen schlimmen Weinkrampf. Auch die Beruhigungstabletten wollten nicht mehr wirken. Ich hielt es nicht mehr aus und ging in das Zimmer des Liebespaares. Ich bat Hans in mein Zimmer, um mit ihm zu reden. Nur widerwillig ging er mit, er wollte sich ja nicht mehr mit meiner Situation auseinandersetzen. Ich versuchte ihm zu erklären, daß ich es nicht ertragen könne, wenn er mit Ulla im Bett herumturtelt. Er schien das überhaupt nicht zu kapieren. «Verdammt noch mal», heulte ich los, «merkst du denn nicht, wie schlecht ich drauf bin und daß ich das einfach nicht mehr aushalte!» Ich erstickte fast an dem Druck, daß ich eine Situation erklären sollte, die er doch gefühlsmäßig kapieren müßte. Dann kam ein böser Spruch. Mit einem Schulterzucken sagte er: «Na, dann will ich dir das mal glauben.»

Er wollte mir einreden, daß ich eben nur eifersüchtig sei. Ich versuchte ihm klarzumachen, daß ich sogar bei wildfremden Paaren auf der Straße schon Aggressionen bekam. Das wurde eben noch schlimmer, wenn sich dieses Treiben in meiner Wohnung fortsetzte. Und dann noch von Leuten, deren Zuwendung ich so sehr benötigte.

Als Hans so lässig von sich gab, daß er mir mal glauben wollte, brach eine ganze Welt des Vertrauens in mir zusammen. Von da an habe ich gerade gegen Hans monatelang Haßgefühle entwickelt, die übelsten Drohungen gegen ihn durchgespielt, habe mir sogar vorgestellt, ihm ein Messer in den Leib zu jagen.

Solche Gedanken und Gefühle habe ich erst nach der Vergewaltigung entwickelt. Vorher hätte ich nie gedacht, daß ich hassen könnte.

Erst viele Wochen, nachdem Hans ausgezogen war, konnte

ich wieder ruhig mit ihm umgehen, später sogar freundschaftliche Umgangsformen finden. Aber es war ein bitterer Prozeß!

Ich hab bei dieser Geschichte in unserer Wohnung auch einen großen Fehler begangen. Wenn ich zuerst mit Ulla gesprochen hätte, wäre es besser gewesen, weil sie als Frau eher in der Lage war, etwas zu kapieren. Ulla war auch damals sauer, daß sie erst über Hans von meiner Panik erfahren hat und daß ich ihr nicht selbst erzählen wollte, was los war.

Liebe Ulla – daß du recht hattest, ist mir erst später richtig bewußt geworden. Ich war damals noch zu stark in dem Glauben, daß ich dieses Problem mit Hans selbst klären konnte. Meinen Haß auf Hans haben auch andere gespürt. Aber ich konnte ihnen nicht erklären, warum ich ihn so haßte.

Immer noch glaubte ich, daß ich nicht hassen darf und solche Gefühle und Gedanken unterdrücken muß. Aber ich wehrte mich irgendwann nicht mehr gegen diese Wut. Ich habe ihr Luft gemacht. Sehr spät hat Hans dann gemerkt, wie ernst es mir war. Deshalb ist er dann endlich Ende Dezember 1978 ausgezogen.

Ich bin froh, daß ich diese Haßgefühle heute nicht mehr habe, weil ich nicht richtig mit ihnen fertig werde. Jetzt kann ich wieder besser mit meinen Emotionen umgehen. Damals war ich so kaputt, daß ich zu wirklich bösen Gefühlen fähig war.

Etwa zehn Tage nach der Vergewaltigung lief für die meisten Leute aus meinem Freundeskreis alles wieder im Alltagstrott. Sicher, manche wußten, daß ich noch nicht wieder gesund war und daß ich noch nicht wieder arbeiten konnte, aber ich würde mich schon wieder fassen.

Sie kannten mich als die selbstbewußte, meist fröhliche und gesunde Theresia. Es paßte nicht in ihr Weltbild, daß ich kaputt und depressiv war.

– Theresia sollte lachen und durfte nicht weinen,
– in den politischen Arbeitskreisen war Theresia immer vorneweg – das sollte auch so bleiben,
– Theresia ließ sich doch auch sonst nicht unterbuttern, warum dann durch eine Vergewaltigung,
– bei so lockeren und aufgeklärten Leuten ist doch eine Vergewaltigung nicht so was Schlimmes,
– Theresia war eben etwas kaputt, aber sie würde sich schon schnell wieder bekrabbeln,

– sie hatte ja auch selbst gesagt, daß sie schon damit fertig werden würde.

Deshalb merkten viele nicht, daß ich mich nicht erholte. Im Gegenteil – es ging mir wochenlang noch dreckiger, als in den ersten Tagen nach der Vergewaltigung.

Nachdem das Aktuelle, das Spannende und Aufgeilende vorüber war, haben nur wenige noch nachgefragt, wie es mir geht. Am schlimmsten waren die Leute, die in der Uni studieren. Vielleicht läßt der Uni-Alltag sie abstumpfen. Sie lassen vieles nur über den Kopf laufen. Dabei müßte mehr über den Bauch, das Herz, die Brust, die Hände, den Leib laufen, um die zärtliche Wärme des Körpers mitteilen zu können. Sie können sich alles nur rational erklären, denn ihr Körper hat nicht gelernt zu empfinden.

Viele meiner Bekanntschaften, gerade auch zu Männern, habe ich in den ersten Wochen nach der Vergewaltigung abgebrochen. Dafür entdeckte ich andere Menschen, vor allem Frauen, zu denen ich tiefe, andauernde und liebevolle Freundschaften geschlossen habe. Diese Freundschaften halfen mir, mich wieder zu finden. Jetzt darf ich sein. Ich brauche nicht mehr viel zu erklären. Unsere Körper, unsere Augen, unser Lachen und Weinen, unsere Spontaneität, unser intensives alltägliches Leben sagt uns: Ich bin – ich will so sein – und ich werde so geliebt. Ich darf mich lieben. Und wenn ich mich liebe, kann ich andere lieben.

Da ich mich von vielen nicht verstanden fühlte, deren Zuwendung und Verständnis ich besonders erhofft hatte, mußte ich mich verändern. Ich wurde auf mich selbst zurückgeworfen.

Die Suche nach meiner verlorengegangenen Selbstsicherheit, der inneren Ausgeglichenheit – der Kampf gegen meine Angst, gegen das Verlorensein –, das alles trieb mich zu den Frauen. Und mit ihnen begann ein neues Leben. Ich begann zu kämpfen. Ich lernte es, offener und ehrlicher zu werden. Wir lernten es, uns unsere Gefühle zu zeigen und damit umzugehen.

Vielen Frauen erzählte ich von der Vergewaltigung. Bei einigen hatte ich das Gefühl, daß sie sich verschließen. Wollen sie nicht damit konfrontiert werden, daß so etwas passieren kann? Wehren sie sich dagegen, daß Vergewaltigung ein grundsätzliches Problem für jede Frau ist? Können sie ihre Scham nicht überwinden? Oder sind auch sie mit den üblichen *Bild-Zeitung*-Vorurteilen belastet? Ich hatte in den ersten Wochen nach der Vergewaltigung nicht genügend Energie, mich gegen diese Frauen durchzusetzen. So versuche ich es bei denen, die mir bekannt sind durch ihre starke Emotionalität. Ich gehe einfach zu Frauen, bei denen ich vorher keinen Druck im Bauch verspüre. Am Druck in meinem Bauch erkenne ich ihre Angst, die sich auf mich überträgt und mich blockiert.

Bald nach der Vergewaltigung besuche ich Eugenie. Sie ist Erzieherin und macht zur Zeit eine heilpädagogische Zusatzausbildung für ihren Beruf. Ich stehe plötzlich in ihrer Wohnung. Und sie, die ich vorher nicht sehr intensiv kannte, sie nimmt mich auf wie eine Schwester. Sie hatte durch eine Freundin von meiner Vergewaltigung gehört. Als ich kam, wußte Eugenie intuitiv, was mir guttat. Sie stellte keine bohrenden Fragen. Sie nahm mich hin als die Frau, die erniedrigt wurde, die kaputt ist, die ein Nest sucht, um wieder Wärme zu finden.

Eugenie hörte mir in Ruhe zu. Ich konnte nicht alles erzählen, aber sie war auch nicht scharf auf eine spannende Story. Ihre dunklen Augen, ihr rundes, liebes und offenes Gesicht – ihr ganzer Körper nahmen mich so an, daß alles gut war.

Die zweite Frau, die mir half, war Gabi. Sie zog Ende Oktober 1978 in unsere Wohnung. Da Hans noch nicht ausgezogen war, bekam sie viel von unseren Spannungen mit.

Gabi war früher für mich eine eher unscheinbare Frau. Sie redete nicht viel und spielte sich auch nicht auf. Unser Zusammenziehen war wohl auch eher zufällig. Gabi suchte eine Wohnung. Hans wollte irgendwann ausziehen, und ich wollte eben gern mit einer Frau zusammen wohnen. In dem Jahr, wo wir jetzt zusammen wohnen, ist daraus eine liebevolle, klare Beziehung geworden.

Für uns war es gut, daß Gabi vier Tage nach ihrem Einzug einen Bänderriß am Fuß bekam. Die zehnwöchige Krankheit nagelte sie in der Wohnung fest. Deshalb hatte sie Zeit, sich mit sich zu beschäftigen, mit der Trennung von ihrem langjährigen Freund. Meine Verbittertheit und meine offenen, verzweifelten Aggressionen gegen Hans brachten sie zu Beginn noch stärker aus ihrer gewohnten Rolle. Zu Anfang solidarisierte sie sich eher mit Hans, da meine Haßgefühle gegen ihn rational kaum zu verstehen waren. Er schien am meisten einstecken zu müssen. Er wurde durch böse Worte verletzt. Und wie «frau» es eben gelernt hat, muß sie den schützen, der so drangsaliert wird.

Aber nach und nach ging Gabi zu mir über. Sie begriff immer mehr, warum ich mich so «irrsinnig» verhielt. Sie stellte sich immer konsequenter auf meine Seite. Das wurde auch Hans bewußt, und er merkte, daß er nicht mehr Fuß fassen konnte.

Nachdem Hans endlich unser Reich verlassen hatte, begannen wir, die Wohnung umzugestalten. Da ich zu der Zeit auch wenig Arbeit hatte, konnten Gabi und ich uns voll einander widmen. Mit der Veränderung der Wohnung verschwanden auch manche Erinnerungen an die letzte Zeit mit Hans. Gabi macht mir klar, daß ich lernen muß, Geduld zu haben, daß viele nicht nachvollziehen können, was eine Vergewaltigung bedeutet. Auch Gabi muß erst lernen, was in einer Frau abläuft, die vergewaltigt wurde.

Wir gewöhnen uns daran, ohne den üblichen Beziehungsknartsch mit Männern zu leben. Wir brauchen sie nicht mehr, die ach so romantischen und meistens elend endenden Beziehungen mit Männern. Wir brauchen keinen Mann mehr, um uns stark zu fühlen; aber wir brauchen uns.

Die Familie schweigt

Als ich die Anzeige wegen der Vergewaltigung aufgab, hatte ich der Beamtendame ausdrücklich gesagt, daß alle Papiere an meine Bielefelder Adresse geschickt werden sollten. Mein Hauptwohnsitz war nämlich das Haus meiner Eltern, und ich wollte, daß sie nichts über meine Vergewaltigung erfahren sollten. Die Beamtin sagte mir, daß das beachtet werden sollte, und sie notierte es. Aber wie der Deibel es so will, erfuhr meine Mutter dann doch von der Tat, ohne daß ich sie hätte auf den Schock vorbereiten können. Fast genau drei Monate nach der Anzeige flatterte meinen Eltern ein an mich adressierter Brief ins Haus. Da meine Mutter von mir die Erlaubnis hatte, alle Briefe zu öffnen, die ihr wichtig erschienen, tat sie das dann auch bei diesem Brief der Staatsanwaltschaft Bielefeld.

Meine Mutter rief Mitte Dezember bei mir an und wirkte recht verdattert, als sie mir den Inhalt des staatsanwaltschaftlichen Briefes vorlas. Das war nämlich der «Einstellungsbescheid der Strafanzeige vom 11. 9. 1978 wegen Vergewaltigung und Diebstahl».

Im allgemeinen werden Fahndungen nach drei Monaten eingestellt, wenn keine Aussichten bestehen, den Täter aufzufinden. Über die Einstellung des Verfahrens war ich eigentlich froh, denn so hoffte ich, erst mal Ruhe zu finden und die Sache für mich abschließen zu können. Ich brauchte mich nicht auf einen Prozeß vorzubereiten und den damit verbundenen Gewissenskonflikt zu durchstehen. Ich hatte die gesetzlichen Möglichkeiten der Gegenwehr ausgeschöpft – das reichte mir zunächst.

Zurück zu meiner Mutter: Sie ist 65 Jahre alt, war vor vier Jahren fast ein Jahr wegen Depressionen im Krankenhaus. Und ich dachte mir, daß solche Briefe meine Mutter wieder ganz schön reinreißen können.

Nun wußte sie, daß mir da was Schlimmes passiert war. Sie war geschockt. Als gute Tochter versuchte ich gleich, sie zu beruhigen. Ich schilderte ihr sehr kurz die Vergewaltigung und gab mir dann Mühe, sie zu überzeugen, daß ich das mittlerweile ganz gut im Griff hätte. Ich hatte nicht den Mut, ihr zu sagen, wie beschissen ich mich fühlte. Meine Mutter wirkte beruhigt.

Staatsanwaltschaft Bielefeld

Geschäfts-Nr.: 18 UJs 7196/78
Bitte bei allen Schreiben angeben!

4800 Bielefeld 1,
den 07.12.1978
Postfach 206
Fernruf: (05 21) 54 91
Durchwahl: 5 49 ....
Fernschreiber 09 32 632

Frau
Theresia Maria Brechmann

Betrifft: Strafanzeige vom 11.09.1978
         wegen   Vergewaltigung und Diebstahls
         Tatort: Bielefeld 1, Friedrichstraße

Sehr geehrte Frau Brechmann!

Die Ermittlungen nach den Tätern sind bisher ergebnislos
verlaufen. Ich habe daher das Verfahren eingestellt.
Sollten sich noch Hinweise auf die Täter ergeben, werde
ich das Verfahren wieder aufnehmen.
Soweit Sie für den Schadensfall versichert sind, teilen
Sie bitte Ihrer Versicherung das angegebene Aktenzeichen
mit.

                    Hochachtungsvoll
                    Dr. Hense
                    Oberstaatsanwalt

                                      Beglaubigt

                                      (Rentsch)
MK 10 (8.78)   Justizangestellte

Ich versprach ihr, später beim Besuch noch einmal darüber zu sprechen.

Etwa eine Woche danach besuchte ich dann meine Eltern. Meine Mutter hatte unserer Familie nichts von der Vergewaltigung erzählt. Sie hatte Angst vor deren Reaktionen, sagte sie mir. Sie würden mit ihrer verklemmten Einstellung und einseitig gebildeten Meinung (etwa aus dem Fernsehen) ganz aus dem Häuschen geraten. Dann müßte meine Mutter noch zusätzlich die Kommentare und Ängste meiner Familie ertragen. Sie war selbst schon betroffen genug.

Ich war also beim Familienbesuch um ein unbefangenes Auftreten in fröhlicher Atmosphäre bemüht. Und so haben die übrigen Familienangehörigen nichts gemerkt. Erst als ich mit meiner Mutter allein war, begannen wir vorsichtig über meine Erlebnisse zu sprechen. Sie wurde sichtlich blasser, obwohl ich ihr nicht alles erzählte, was mich betroffen hatte.

Als wir auf den sexuellen «Tathergang» zu sprechen kamen, versuchte ich meiner Mutter zu erklären, daß das zwar sehr schlimm war, daß aber der Wille des Mannes, mich als Frau brutal zu erniedrigen, noch schlimmer gewesen sei. Als meine Mutter dabei große, etwas erschreckte Augen machte, schoß mir eine Ahnung durch den Kopf: «Sag mal, Mama, hast du wirklich geglaubt, daß ich vor der Vergewaltigung noch Jungfrau war?» Sie wußte doch, daß ich schon zweimal über einen längeren Zeitraum mit einem Freund zusammen gewohnt hatte. Aber sie hatte das Miteinanderschlafen völlig aus ihrem Bewußtsein ausgeklammert und verdrängt, weil sich das eben für eine gute Tochter aus katholischem Hause nicht gehörte. Sie hoffte wohl immer noch, daß ich einstmals jungfräulich in die Ehe, zumindest aber in die Verlobung mit meinem zukünftigen Gatten gehen würde. Jetzt, da sie diese erstaunte Frage von mir hörte, brach eine ganze Welt für sie zusammen. Sie konnte nichts mehr antworten. Sie weinte. Sie brüllte mich nicht an. Sie weinte still in sich hinein. Und das war für uns beide sehr bitter. Ich versuchte ihr noch mal zu erklären, was mich so geschockt hatte bei der Vergewaltigung, aber sie konnte nicht mehr darauf eingehen. Sie wurde nur stiller und verschloß sich mir.

Wir sprachen dann nicht mehr darüber. Dieses heiße Eisen

durfte nicht mehr berührt werden, weil wir Angst hatten, uns wieder zu verbrennen.

So wie meine Mutter durch meine Offenheit erschrocken war, so sehr war ich es über ihr Weinen. Wo wir uns sonst so nahestanden, trennten uns hier Welten der verschiedenen Lebenssituationen. Meine Mutter ist ihrem christlichen Leben pflichtgetreu – ehebrav – verbunden. Sie kann sich einfach nicht gegen ihre moralischen Vorstellungen wehren.

Ich habe es dann irgendwann geschafft, ihre Einstellung hinzunehmen, denn sie wollte mir sicherlich nicht weh tun.

Nach und nach erfuhren auch die anderen in meiner Familie über die Vergewaltigung und den Prozeß. Mein Vater war auf seine Weise dahintergekommen. Ich schrieb zwei Kapitel dieses Manuskripts während einiger Urlaubstage auf dem elterlichen Hof. Mein Vater ist ein neugieriger Mensch. An einem Nachmittag kam meine Schwester zu mir und erzählte: «Papa hat deine Tasche durchwühlt und gelesen, was du da geschrieben hast!» Aha! dachte ich, mal abwarten, wie er sich jetzt verhält. Mein Vater saß auf dem Sofa und musterte mich unentwegt, ohne einen Ton zu sagen. Er hat mich nie auf das Manuskript angesprochen, und ich habe ebenfalls geschwiegen. Er soll selbst kommen, wenn er Fragen hat. Meine Tante, mit der ich mich über den Prozeß unterhalten hatte, reagierte erstaunlich solidarisch. Ich hatte vorher angenommen, sie würde einen roten Kopf bekommen und verschämt schweigen, doch das Gegenteil trat ein. Ich konnte mich gut mit ihr unterhalten. Kein Wort des Vorwurfs oder der Ungläubigkeit.

Sie zeigte mir, daß es doch gut ist, mit allen Frauen darüber zu sprechen und deren Erziehung dabei zunächst nicht zu beachten. Schließlich ist meine Tante eben nicht nur Verwandtschaft, sondern auch eine Frau und von daher fühlte sie sich betroffen.

III. Die Angst

Immer mehr Panik

Ich wollte vieles vergessen, darum stürzte ich mich voll in die Arbeit. Außerdem hatte mein schlechter Gemüts- und Gesundheitszustand mir finanzielle Verluste eingebracht, die ich wieder einholen wollte. Von morgens früh bis zum späten Nachmittag sauste ich von Hausbesuch zu Hausbesuch. Ich pflegte die alten, kranken oder behinderten Bürger, die sich gemeldet hatten, weil sie Hilfe im Haushalt oder Pflege benötigten. Ich arbeitete in vielen Initiativen mit. An vier Abenden war ich auf Sitzungen verschiedener Gruppen und Arbeitskreise. Zwischendurch Flugblätter und Leserbriefe schreiben. Diskussionen, Demonstrationen und andere Aktionen. Und dazu auch immer noch abends der Knartsch mit Hans. Schließlich wollte ich mir unbedingt beweisen, daß ich wieder «im Leben» stehe. Von meiner Erziehung her war ich doch relativ stark auf Männer orientiert. Erst langsam lernte ich den Wert, die Emotionalität, die Lebensgestaltung der Frauen für mich schätzen. Als Hans ausgezogen war, hatte ich dann aber noch mal einen schweren Rückfall in pubertäre Verhaltensweisen. Damals wollte ich meinen Wert beweisen, indem ich mich von einer Beziehung in die andere stürzte. Im Zusammenhang mit Männern stellte ich was dar, so meinte ich zumindest. Gabi fragte mich einmal, ob ich da überhaupt noch selbst durchblicke bei den vielen Männern. Ich frohlockte, daß ich das sehr wohl noch könne. Und schon landete ich im nächsten Techtelmechtel. Ich band mich in keiner Beziehung fest. Ich jagte hindurch, ohne selbst zu merken, was in mir ablief. Ich war zugedeckt mit Altenarbeit, politischen Arbeitskreisen und Männerbeziehungen.

Nur Gabi holte mich ab und zu zurück ins Leben. Sie versuchte mir vorsichtig anzudeuten, daß ich mich zudecke und nicht mehr zu mir selbst käme. Aber nur langsam kapierte ich, daß Gabi recht hatte.

Ich wollte mir in diesen Monaten beweisen, daß ich wieder voll lebte. Und Leben durch Männerbeziehungen bedeutete mir früher viel. In der Pubertät schienen mir das immer die besonderen Höhepunkte. Je anerkannter der Kerl war, mit dem ich gerade ging, desto mehr, schien es mir, wurde ich beachtet. Jetzt war ich wieder in dieses Verhalten hereingeschlittert. Und gerade deshalb lebte ich nicht mehr. Denn ich ließ meine Angst nicht mehr zu. Abends war ich zu müde, um mein wirres Dasein reflektieren zu können.

Es waren rein sexuelle Erlebnisse, zu wenig tragende Beziehungen. Wir flüchteten uns in ein oberflächliches Geplänkel, um nicht persönlich und intensiv aufeinander eingehen zu müssen. Die Beziehungen kamen als stolzes Segelschiff angeschwemmt und gingen schon nach kurzer Zeit als lecker Kutter unter.

Ich habe diesen Männern auch kaum nachgetrauert. Nur die Freundschaften, wo man sich auf einer menschlichen Ebene begegnet und dann auch die Zärtlichkeit und Sexualität harmonisch miteinander verbunden sind, werden über einen längeren Zeitraum ihr Leben erhalten. Aber erst über intensive Frauenbeziehungen habe ich es auch gelernt, Freundschaften zu Männern anders zu sehen. Einen wirklichen Erfahrungswert haben sie nur, wenn sie über Jahre erhaltend und vertiefend aufgebaut sind. Ansonsten sind es eben nur Techtelmechtel die einer oberflächlichen Selbstbefriedigung dienen.

Und meine Freundschaften zu Männern verändern sich. Wir machen lange Spaziergänge, suchen unsere Zärtlichkeit, benutzen uns nicht mehr auf der sexuellen Ebene. Wenn ich jetzt mit einem Freund schlafe, erlebe ich das liebevoller.

Als ich wieder ruhiger wurde, konnte ich auch mit Ulla, der Freundin von Hans, eine neue freundschaftliche Beziehung finden. Wir sind nicht mehr verkrampft. Dieses Wieder-zu-mir-selbst-Finden und viele Gespräche mit lieben Freundinnen und Freunden bringen mich in Kontakt mit Gefühlen und Stimmungen. Und da zeigt sich, daß ich noch viel aufarbeiten muß.

Im Juli fahre ich mit Niko und zwei weiteren Mitarbeitern aus dem Umweltzentrum in Urlaub. Zusammen mit dem lieben, aber ein bißchen blöden Hund Carlos wollen wir eine Floßfahrt auf der Eder machen. Der Urlaub wird toll. Ich habe auch keine Angst vor den Männern, als wir mit unserem Floß durch einsame Gegenden gondeln. Die Fahrt ist abenteuerreich und lustig. Nach drei Tagen müssen die beiden anderen aber wieder nach Bielefeld zurück. So verabschieden wir uns, und Niko, unser Hund Carlos und ich schnappen uns das Gepäck und wandern los. Vierzehn Tage tapern wir durch Naturschutzgebiete, kleine

Dörfer und Städtchen. Wir schlagen unser Zelt irgendwo in der Wallachei auf, weil wir keine Lust haben, auf Campingplätze zu gehen.

Ab und zu habe ich in der Nacht Angst vor Niko. Angst, daß er mich anfallen wird, mich vergewaltigen will. Diese Angst überfällt mich immer plötzlich, unvorbereitet. Sie ist da wie ein dunkler Abgrund. Die Gedanken rotieren im Kopf. Alles verkrampft sich; das Herz schlägt schneller. Ich beginne rational daranzugehen, diese Panik zu bekämpfen. Denn ich weiß ja, daß Niko keiner Fliege was zuleide tun kann, daß er immer sehr lieb zu mir ist. Er würde nie auf den Gedanken kommen, mich zu vergewaltigen.

Ich hab mich damit getröstet, daß ja das Carlos-Tier auch bellen würde, wenn Niko etwas Brutales täte. Und dann wurde ich wieder ruhiger und konnte meine Panikstimmung überwinden. Niko und ich schliefen auch nicht mehr miteinander. Er wartete wohl darauf, ob ich mich ihm zuwenden würde. Da ich das nicht tat, ließ er mich in Ruhe. Ich konnte im Urlaub nicht über diese Ängste mit Niko sprechen. Erst wollte ich mir selbst klar darüber werden, woher sie kamen.

Als ich wieder mehr Abstand zu Niko hatte, weil wir ja nicht mehr 24 Stunden am Tag zusammen waren, wurde mir bewußt, daß ich schon vor dem Urlaub solche Panikanfälle gehabt hatte. Da fiel mir ein Erlebnis mit Rolf ein. Wir waren im Mai abends spät im Wald spazierengegangen. Wir nutzten diesen Spaziergang, um uns näher kennenzulernen. Wir redeten über unsere Arbeit (Rolf machte gerade sein praktisches Jahr vor seiner Arztprüfung) und konnten locker miteinander umgehen. Wir wollten auch nicht miteinander schlafen. Unsere Beziehung sollte rein freundschaftlich gedeihen. Wir konnten auf das Bettgezirze verzichten.

Trotzdem überfiel mich bei diesem Spaziergang plötzlich diese Angst, Rolf würde jetzt brutal werden, weil niemand da war, der etwas gemerkt hätte. Damals schien mir meine Angst so verrückt, daß ich sie ganz schnell verdrängte und erst nach meinem Urlaub mit Niko wieder herausließ.

Im Gespräch mit Eugenie und Gabi wurde immer deutlicher, daß dabei die Vergewaltigung eine große Rolle spielte. Ich hatte sie vorher doch sehr verdrängt und meine Angst vor einer nochmaligen Vergewaltigung heruntergewürgt. Jetzt kamen diese

Ängste wieder hervor. Es war gut, daß Eugenie und Gabi meine Panikstimmungen akzeptieren konnten und daß sie mit ihrer zärtlichen, lieben Art beruhigend auf mich einwirkten.

Dann kam eines Tages das entscheidende Erlebnis, daß mir klarmachte, daß diese Ängste vor Männern, mit denen ich allein war, auf die Vergewaltigung zurückzuführen waren.

Im August besuchte mich mein Zwillingsbruder Toni. Er lebt in einer Landkommune bei Bayreuth. Deshalb können wir uns nicht so oft sehen. Wir feierten unser Wiedersehen. Toni und ich verstanden uns immer gut. Wir sind zusammen aufgewachsen und saßen elf Jahre in derselben Schulklasse, bis Toni dann aufs Gymnasium nach Paderborn ging und ich auf diese Fachoberschule. Als ich später im Altenheim in Paderborn arbeitete, wohnten Toni und ich auch in einer gemeinsamen Wohnung.

Wir kennen uns also recht gut. Toni hatte mich auch einige Tage nach meiner Vergewaltigung in Bielefeld besucht. Er wußte daher, was mir geschehen war. Als er Anfang August 1979 zu Besuch kam, sprachen wir nicht viel über die Vergewaltigung.

Toni blieb über Nacht. Er wollte mit mir in einem Bett schlafen, wie wir es auch früher gern getan haben. Aber an diesem Abend verbannte ich ihn in ein Nachbarzimmer. Ich sagte ihm, daß ich lieber allein schlafen wolle, was er stirnrunzelnd akzeptierte.

Eugenie und Gabi waren an diesem Tag nicht da. Als ich im Bett lag, überfiel mich völlig überraschend wieder diese Panikstimmung. Mein Gott, jetzt hast du schon Angst vor deinem eigenen Bruder, schoß es mir durch den Kopf. Mit aller Vernunft redete ich mir ein, daß diese Panik doch völlig unbegründet sei, was dann auch nach einigen Minuten wirkte. Ich wurde ruhiger. Aber der Gedanke, daß ich Angst vor meinem eigenen Bruder bekam, nur weil er ein Mann ist und wir allein in der Wohnung waren, hat mich dann doch noch mehrere Wochen beschäftigt.

Ich mußte Niko endlich von diesen Ängsten erzählen. Er hatte doch ein Recht zu erfahren, warum ich nicht mehr mit ihm schlafen konnte. Denn es war immer deutlicher geworden, daß ich mit keinem Mann schlafen wollte, solange ich die Panikstimmungen bekam.

Ich benötigte einen längeren Anlauf, um meine Ängste beschreiben zu können. Niko wirkte wohl betroffen, war aber sehr lieb zu mir. Er verstand mich mit diesen chaotischen Gefühlen und akzeptierte es, wie ich mich verhielt. Er ist ein Freund! Nachdem ich mit Niko gesprochen hatte, war es mir wesentlich leichter, mit dieser Angst umzugehen und sie bei mir selbst zu akzeptieren.

Ich verhielt mich reservierter ihm gegenüber. Niko wurde in ein anderes Zimmer verbannt, wenn er bei uns zu Besuch war und über Nacht blieb. Ich wußte auch, daß ich keinen nackten Männerkörper, egal, wer es war, neben mir ertragen könnte. Es ekelte mich an, diesen Typen zu fühlen und zu sehen, der jederzeit seinen Schwanz als Waffe gegen mich einsetzen konnte.

Sobald ich mit Niko oder anderen Freunden nicht allein war, konnte ich locker sein. Dann hatte ich keine Angst. Die anderen würden mich ja schützen.

Die Beziehung zu Niko wurde oberflächlicher. Aber sie fand einen für mich sehr angenehmen, wohltuenden Alltag in einem freundschaftlichen Verhältnis. Wir sahen uns oft. Da Niko außerhalb der Stadt wohnt, blieb er oft bei uns, wenn er abends nicht mehr herausfahren wollte. Und sein herzliches Verhalten zu allen Frauen der Wohngemeinschaft macht unsere Freundschaft tragend. Ich brauche Niko als Freund, nicht als Potenztüte. Und Niko muß es lernen, diese Freundschaft zu erleben, ohne sexuelle Beigabe.

Im Kampf mit der Angst

Schon meine Entscheidung, so lange mit keinem Mann zu schlafen, bis diese Ängste geklärt waren, ließ mich ruhiger werden. Ich hatte auch kein Bedürfnis nach sexuellen Erlebnissen mit Männern, solange ich Angst vor der Panik hatte.

Das harmonische, liebevolle und zärtliche Umgehen in unserer Wohngemeinschaft deckt auch die meisten Bedürfnisse. Wir Frauen können uns so viel an Nähe, an offener Zuwendung geben, daß die sonst für mich so wichtigen Erlebnisse mit Männern in den Hintergrund rücken. Zwar will ich auch weiterhin Freundschaften zu Männern, mit denen ich gut klarkomme, aber ich will nicht mehr diese chaotischen Zweierbeziehungen, die mich sehr zermürben und zurückwerfen. Und so laufen auch meine Beziehungen zu Männern besser, weil sie bemerken, daß ich sie nicht als mein Bestätigungsobjekt benötige. Wir können immer fröhlicher und offener miteinander umgehen.

Meine Freundschaften zu Männern stehen auch nicht mehr in Konkurrenz zu Freundschaften mit Frauen. Die Männer grenzen mich nicht mehr ein in meinen Willen, mich zu entwickeln. Die Frauen geben mir den Mut und die Anstöße, mich freier zu bewegen. Ich spiele nicht mehr die typische und gesellschaftlich erwartete Frauenrolle. Ich will mich selbst leben, in Gemeinschaft mit den Frauen, mit denen ich wohne und arbeite.

Trotz dieser Entwicklung zu mir selbst möchte ich doch meine Panikstimmungen besser verstehen lernen. Einige Tage nach dem offenen Gespräch mit Niko fahre ich nach Berlin. Dort will ich über den Notruf für vergewaltigte Frauen Kontakt zu Frauen bekommen, die auch vergewaltigt wurden, um mit ihnen über meine Ängste zu sprechen, weil ich glaube, daß sie mich am ehesten verstehen können.

Vorher wußte ich nur von meiner Cousine, daß sie in der Türkei von dem Hotelchef ihres Hotels vergewaltigt worden war. Sie hatte mir auch gesagt, daß sie danach zu hassen gelernt hat, weil sie so verarscht und im Stich gelassen wurde. Über meine sexuellen Ängste sprachen wir dann nicht mehr.

In Berlin traf ich dann leider keinen Menschen an. Von 16 bis 21 Uhr sollten täglich Sprechstunden sein, aber an diesem Tag war niemand da. Enttäuscht reiste ich wieder ab. Ich wußte ja, daß das passieren konnte: Vielleicht war jemand krank geworden, und so konnte die Sprechzeit nicht besetzt werden. Aber etwas sauer war ich doch.

So mußte ich eben weiterforschen, um vergewaltigte Frauen zu finden, die über ihre Ängste sprechen konnten. Es ist erstaunlich, daß ich erst ein Jahr nach meiner Vergewaltigung andere Frauen fand, die auch über ihre Erlebnisse sprachen. Und je offener ich wurde, desto mehr Frauen lernten auch, über sich zu sprechen. So manche versuchte oder durchgeführte Vergewaltigung wurde besprochen, die bis dahin so sehr mit Schuld und Schamgefühlen belastet war, daß nicht daran gedacht werden durfte oder «frau» auch nicht wollte, weil es so böse Erinnerungen waren.

Da war z. B. Gisela (die ich schon länger kannte), die mit 22 Jahren von ihrem ehemaligen Freund vergewaltigt worden war. Sie hatten eine Beziehung, die dann auseinanderging. Da sie sehr an ihm hing, lief sie ihm nach und besuchte ihn wieder. Und als sie sich mit ihm unterhielt, rief er plötzlich: «Ich will dir mal zeigen, wie man richtig Liebe macht!» Und er warf Gisela auf den Teppichboden und vergewaltigte sie brutal. Danach brach für Gisela eine Welt zusammen: die Welt, in der sie immer an das Gute glaubt und in der man einer Frau so etwas nicht antut. Gisela war nicht in der Lage, viel über ihre Vergewaltigung zu erzählen, denn sie sucht die Schuld immer noch bei sich selbst.

Wie auch Bärbel, die einmal in Paris war und dort eine Unterkunft für die Nacht suchte. Sie lernte einen Mann kennen, einen Schwarzen, mit dem sie sich gut unterhalten konnte. Und er bot ihr ein Quartier bei sich an. Ja, die Bärbel glaubt nun mal besonders an das Gute im Menschen. Und mit etwas Angst im Bauch, aber doch in der guten Hoffnung, daß alles gut werden würde (sie hatte ja auch sonst nichts zu pennen), ging sie mit. Und dann hatte der nur ein Bett. Bärbel war immer noch in der Hoffnung, daß nichts Böses geschehen würde und haute deshalb nicht ab. Und dann wurde der Mann doch grob und fiel über sie her. Bärbel gab irgendwann auf, sich zu wehren, weil sie merkte, daß sie nicht gegen ihn ankam und weil niemand da war, der ihr half.

Auch Bärbel hat dieses Erlebnis stark verdrängt. Denn sie suchte die Schuld bei sich. Daß der blöde Typ aber niemals das Recht hat, sie einfach zu vergewaltigen, das hat Bärbel sich nicht genügend bewußt gemacht. Das kam wohl erst später, als sie auf der Straße angemacht wurde, und im Urlaub in Spanien. Da wollte sie nicht mehr Freiwild sein. Jetzt beginnt sie sich zu wehren, und diese Typen beginnt sie anzuschreien, wenn sie sich angemacht fühlt.

« Wie es mir passierte »

Von Ute
«Ich war zum drittenmal in Griechenland unterwegs, zum zweitenmal war ich allein verreist. Wegen dem Studium und wegen der Arbeit mußte ich leider zurückfliegen. Ich war sehr traurig deswegen, denn ich hatte mich einen Tag vor dem Rückflugtermin verliebt: als ich losfuhr, handelte ich genau entgegengesetzt zu meinen Gefühlen.

Ich mußte morgens früh um 6 Uhr in Chania auf dem Flughafen sein. Ich hatte vor, auf dem Flughafen zu schlafen, um nicht zu verschlafen. Da ich keinen Wecker hatte, war es mir zu riskant, ein Zimmer zu nehmen. Auf dem Flughafengelände wurde ich von einem Taxifahrer angesprochen, der mir erzählte, daß der Flughafen nachts geschlossen wäre, und mir anbot, mich ohne Bezahlung mit in die Stadt zu nehmen. Ich stieg mit einem griechischen Ehepaar ins Taxi, denn es blieb mir ja nichts anderes übrig. Nachdem sie ausgestiegen waren, bat ich darum, zur Jugendherberge oder zu einem billigen Hotel gefahren zu werden. Ich wollte das letzte Stück Fahrt auch bezahlen. Der Taxifahrer war sechs Jahre in Deutschland gewesen und konnte Deutsch sprechen. Allerdings war ich oft nicht sicher, ob er mich wirklich verstand oder nicht verstehen wollte. Jedenfalls behauptete er, es gäbe keine Jugendherberge, und er überredete mich, mit ihm essen zu gehen. Ich hatte Angst, mich in der mir fremden Großstadt nicht zurechtzufinden. Heute ist mir klar, daß ich sofort hätte aussteigen sollen und müssen. Warum ich in der Situation nicht so wachsam und vorsichtig war, wie es notwendig gewesen wäre, weiß ich nicht. Wahrscheinlich hatte ich den Gedanken an eine gefährliche Situation sehr weit weggeschoben. Der Taxifahrer bot mir an, bei Verwandten von ihm zu übernachten. Er wollte am nächsten Morgen an meine Zimmertür klopfen, um mich zu wecken und mich dann zum Flughafen fahren. Ich beschloß, seine Freundlichkeit als Gastfreundschaft zu deuten und fuhr mit, auch aus Mangel an möglichen Alternativen. Zwischendurch schweiften meine

Gedanken immer wieder ab zu Volker. Ich wollte nur möglichst schnell einen Schlafplatz und meine Ruhe bekommen.

Nikolaus, so hieß der Taxifahrer, war ganz nett, wenn auch überhaupt nicht mein Typ. Jegliche Berührung mit ihm wäre mir unangenehm gewesen. Da ich sehr viel trampe, bin ich es gewohnt, mich mit fremden Leuten zu unterhalten. Ähnlich war die Situation bei Nikolaus: Wir redeten über oberflächliche Dinge. Manchmal lachten wir. Wir waren in zwei Tavernen außerhalb der Stadt essen. In diesen Tavernen waren wir fast die einzigen Gäste. Ich vermutete, Nikolaus wollte mir was typisch Griechisches zeigen. ‹Keine Angst›, sagte er mehrmals, ‹keine Angst, ich fahr dich morgen zum Flughafen.› Aber ich hatte nicht Angst, das Flugzeug zu verpassen. Die ganze Situation war mir nicht geheuer, z. B., daß er so weit mit mir aus der Stadt herausfuhr und ich kaum mehr die Möglichkeit sah, mich aus der Situation zu entziehen, die auf mich irgendwie bedrohlich und unsicher wirkte.

Es war inzwischen dunkel geworden. Ich hatte weder Essen noch Wein bezahlt, unternahm auch gar nicht erst den Versuch. Ich drängelte zum Aufbruch, denn ich war müde. Ich glaubte immer noch, wir würden jetzt zu seinen Verwandten fahren.

Wir fahren aber zu einem Hotel. Kurz vor dem Hotel legt er den Arm um mich und fragt: ‹Wollen wir hier zusammen schlafen?› Ich wehre die Berührung ab und antworte: ‹Nein, ich habe keine Lust dazu. Ich möchte auf jeden Fall ein Zimmer für mich allein haben.› Mir wird etwas mulmig. Ich hoffe aber immer noch, daß N. mein klares ‹Nein› akzeptiert. Ich bin schon mehrmals beim Trampen auf diese Art angemacht worden, konnte mich aber jedesmal erfolgreich dagegen wehren, auch wenn es manchmal anstrengend war, immer wieder zu erklären, warum ich nicht mit dem Fahrer des Wagens schlafen will.

N. spricht mit dem Hotelchef. Er sagt, ich könnte kein Zimmer für mich allein bekommen, weil ich Ausländerin bin. Ich frage, ob der Hotelchef Deutsch oder Englisch spricht. N. behauptet ‹nein›. Ich ärger mich, daß ich kein Griechisch kann. Ich gehe mir mit N. das Zimmer angukken, obwohl ich Angst davor habe, mit N. die Nacht in einem Zimmer zu verbringen. Ich lasse meinen Rucksack im Auto, weil N. sagt, ich bräuchte ihn nicht, es gäbe alles im Hotel, obwohl ich den Rucksack eigentlich lieber mitgenommen hätte. Mir ist sehr unwohl bei der ganzen Aktion. Ich will auf keinen Fall mit N. in einem Bett schlafen. N. ist dagegen, willigt dann aber doch ein. Ich lege mich angezogen ins Bett und lösche das Licht aus. Kaum ist das Licht aus, ist N. bei mir im Bett. Ich werde sauer, knipse das Licht wieder an, will ihn wegschicken. Er redet auf mich ein und ich auf ihn. Wir handeln einen Kompromiß aus. In einem Bett schlafen, aber er faßt mich nicht an. Ich lasse mich darauf ein, will endlich meine Ruhe haben, bin total übermüdet und genervt und bereue, mich auf diese Situation eingelassen zu haben. Jede Berührung mit N. ist mir unangenehm. Ich drehe mich zur Wand, verschränke meine Arme vor der Brust, presse die Beine zusammen. Langsam werde ich wütend, schreie ihn an, versuche mich zur Wehr zu setzen, denke zum erstenmal an Flucht und bemerke, daß ich eingeschlossen bin. Ich bekomme panische Angst. N. drückt mir ein Kissen auf den Kopf und droht mir an, mich aus dem Fenster zu schmeißen, wenn ich noch einmal schreie. Ich gebe es auf, mich zu wehren, denn ich bin ihm körperlich unterlegen.

Aber jetzt ist sowieso alles zu spät. Ich möchte nur überleben. Ich spüre zum erstenmal in meinem Leben Todesangst. Wenn ich mich wehren würde, wäre das Risiko, verletzt oder umgebracht zu werden, zu groß. Vor lauter Angst kann ich nicht mehr klar denken und Gefahren und Risiken realistischer einschätzen.

Bis heute weiß ich nicht, ob es in dieser Situation sinnvoll gewesen wäre, sich weiter zu wehren oder nicht. Oft bin ich von Männern gefragt worden, warum ich ihm nicht in die Eier getreten habe. Ich hatte Angst, daß N. noch brutaler und gewalttätiger werden würde.

Andererseits war ich mir ziemlich sicher, daß ich überleben würde, wenn ich mit N. schlafen würde. Bei dem Gedanken daran stiegen Ekelgefühle in mir hoch. Ich verkrampfte mich am ganzen Körper, preßte Augen, Mund, Arme und Beine so stark zusammen wie ich konnte, versuchte zu bitten, zu flehen. Ich versuchte, N. mit meinem Blick so stark zu fixieren, wie ich nur konnte und auf ihn einzureden. Bis jetzt hätte ich ihn ja ganz nett gefunden, aber was er jetzt vorhätte, wäre ja wohl eine Schweinerei, wäre gemein, unfair usw. Ich weiß nicht mehr, was ich alles gesagt habe, aber ich versuchte, meine ganze Kraft und Energie in meine Worte und Blicke zu legen. Mein Reden war völlig überflüssig. N. schien es gar nicht zu hören. Er faßte ständig an mir herum, versuchte mich zu küssen und auszuziehen. Irgendwann konnte ich nicht mehr verhindern, daß er mir die Hose und Unterhose auszog. Er versprach, er wollte einmal nur ‹Votze gucken›, was natürlich gelogen war. Ich spannte meinen ganzen Körper an, um nichts zu fühlen, versuchte an was anderes zu denken und wünschte nur, es wäre bald vorbei. Irgendwann waren meine Widerstandskräfte aufgebraucht, und ich bekam einen Heulkrampf. N. unterbrach die Vergewaltigung und tröstete mich, fragte, warum ich weine. Als ich aufgehört hatte zu weinen, machte er weiter. Ich weiß nicht, ob der Penis in mich eingedrungen ist, da ich total verkrampft und verspannt war und nichts gefühlt habe. Meiner Meinung nach ist es auch völlig unwesentlich. Ich bin gegen meinen Willen mit Gewalt und unter Androhung von Gewalt zu sexuellen Handlungen gezwungen worden. Die Nacht schien kein Ende zu nehmen. Irgendwann habe ich N. dazu überredet, mich zum Flughafen zu fahren, was er auch machen wollte. Wir stiegen ins Auto, aber wir hatten keinen Sprit mehr. Es war ca. drei oder vier Uhr nachts. N. suchte eine geöffnete Tankstelle, die es natürlich nicht gab. Zwischendurch fuhr er dann wieder in dunkle Seitenstraßen und befummelte mich. Ich paffte eine Zigarette nach der anderen, preßte Arme und Beine zusammen, quetschte mich an die Beifahrertür. Die Zeit schien stillzustehen. Als ich endlich, endlich am Flugbüro aus dem Taxi steigen konnte, war ich einen Moment unheimlich erleichtert. Ich hatte eine wahnsinnige Angst ausgestanden, den Flug zu verpassen. N. hatte mich so oft belogen. Ich konnte ihm nicht mehr glauben, daß er mich wirklich zum Flugbüro fahren würde. Kurz bevor ich das Taxi verließ, sagte er mir, daß meine ‹Votze› große Klasse wäre. Das Taxi hatte übrigens kein Nummernschild. Aber ich wäre auch nicht in der Lage gewesen, Anzeige zu erstatten. Ich wußte, daß es erfolglos gewesen wäre, ohne Griechisch-Kenntnisse, ohne Zeugen, ohne sichtbare Verletzungen.

Schlimmer als die Vergewaltigung selbst sind die Folgen, die mein ganzes Leben betreffen. Mein Selbstwertgefühl war lange Zeit zerstört. Bei niemandem (außer in der Frauengruppe) fand ich das Verständnis und die Unterstützung, die ich gebraucht hätte.

Die ersten Stunden danach waren quälend. Ich habe mich noch nie in meinem Leben so elend und einsam gefühlt. Ich saß auf dem Flughafen bzw. im Flugzeug und konnte mit niemandem reden.

Die ersten zehn Tage nach meiner Rückkehr verdrängte ich die Erfahrung aus meinem Leben, sprach mit niemandem darüber, lebte so weiter, als wäre nichts geschehen und erzählte aller Welt, ich hätte einen wunderschönen Urlaub verbracht, hätte mich verliebt usw. Ich malte die Erlebnisse des Urlaubs in den buntesten Farben und schnitt die letzte Nacht aus meinem Leben heraus, wie man nicht gelungene Szenen aus einem Film herausschneidet. Ich denke, daß diese Phase zum Überleben notwendig war. Die Vergewaltigung war einfach zu schrecklich, um wahr zu sein.

Ich brauchte die zeitliche Distanz, bevor die Erfahrung verarbeitet werden konnte.

Diese Phase war und ist sehr anstrengend, schmerzhaft und langwierig. Ich habe viel Tagebuch geschrieben, viel nachgedacht; ich bin noch lange nicht fertig.»

Wir wollen uns verteidigen

Im August kam auch über die wiederaufkommende Diskussion über Vergewaltigung das Bewußtsein auf, daß wir uns mehr wehren wollen. Unsere Wohngemeinschaft fing an, Szenen aus dem Alltag durchzuspielen.

Frage: «Was machst du, wenn du abends allein nach Hause gehst, und da kommt ein Typ her, der dich anmacht?»

Antwort: «Ich schreie ihn an, daß er mich gefälligst in Ruhe lassen soll und sich verpissen soll.»

Frage: «Und wenn er darüber nur lacht und anfängt, dich zu begrapschen?»

Antwort: «Dann trete ich ihn voll in die Eier und haue ganz schnell ab.»

Was ist aber, wenn er eine Waffe besitzt? Und was ist, wenn er stärker ist?

So grundsätzlich sehe ich aus meinen Erfahrungen folgende Möglichkeiten:

Wenn so 'n Typ ankommt und was von mir will, schreie ich ihn erst mal an. Das geht aber nur, wenn er von vorne kommt. Denn wenn er von hinten kommt und mir gleich gewaltsam den Mund zuhält kann ich nicht viel machen. Da muß ich dann gleich versuchen, ihn voll an eine empfindliche Stelle zu schlagen, damit er mich losläßt. So im Prinzip bin ich dafür, jeden Typ, der mich anmacht, erst mal anzuschreien. Erstens fühle ich mich dabei selbst sehr stark, zweitens habe ich auch das Gefühl, daß ich mich wirklich wehre. Oft verpissen sich die Typen dann auch sofort, denn mit solch einer Reaktion rechnen sie meistens nicht. Sie erwarten doch, daß wir ängstlich, still und starr stehenbleiben und uns nicht wehren (so wie wir es gelernt haben). Wenn wir aber ganz wütend werden und laut rumschreien, kriegen die Typen eher Angst. Sie sind geschockt und befürchten vielleicht auch, daß Leute aufmerksam werden. Wenn ich von einem Typen aus seinem Auto angequatscht werde, versuche ich, ihm ins Blech zu treten. Das macht im Auto ganz dollen Krach, und ich kann meiner Wut über diese blöde Anmacherei Luft verschaffen.

Da aber das Risiko besteht, daß die Männer doch stärker oder bewaffnet sind, sollten wir Frauen Selbstverteidigung üben. Ich war früher dagegen, daß wir Frauen erst einen Kursus machen müssen, um uns die Kerle vom Hals zu halten. Aber mittlerweile habe ich so 'ne dicke Wut im Bauch, daß ich doch Selbstverteidigung lernen will, um mich genügend wehren zu können. Am besten wäre es wohl, wenn wir Karate lernen würden. Das ist zwar eine lange Ausbildung, aber es ist auch am sichersten, weil man den Gegner gleich mit einem Schlag kampfunfähig machen kann.

Wenn eine Frau, die wir kennen, vergewaltigt worden ist und der Täter bekannt ist, sollten wir uns zu mehreren zusammentun, um dem Kerl eine gehörige Lektion zu erteilen, damit er nicht mehr auf den Gedanken kommt, sich an einer Frau zu vergreifen!

Was ich so für das Wichtigste halte ist unser Bewußtsein, daß wir uns wehren wollen. Wir müssen lernen zuzuschlagen.

Es geht nicht darum, nur Gewalt anzuwenden, sondern darum, die natürlichen Abwehrkräfte des Körpers zu mobilisieren. Hätte ich bei meiner Vergewaltigung dieses Bewußtsein gehabt, wäre ich nicht so ohnmächtig gewesen.

Wir sollten mit unseren Freunden üben, uns zu kloppen, herumzuprügeln, angreifen und verteidigen. Aber nur wenn wir uns klarmachen, daß jede von uns gefährdet ist, können wir uns solidarisieren. Wir müssen lernen, über so etwas Abartiges wie Vergewaltigung zu sprechen, denn es gehört zu unserem Alltag. In unserem Land wird alle dreizehn Minuten eine Frau vergewaltigt. Am schlimmsten trifft es die Frauen, die von ihren Ehemännern vergewaltigt werden, denn die sind nach deutschem Recht nicht einmal dagegen geschützt. Angeblich gibt es keine Vergewaltigung in der Ehe!

Wir sind nicht in der Lage, jetzt und sofort unser System zu verändern, in dem Vergewaltigung gedeiht. Natürlich ist es auch wichtig, die gesellschaftlichen Ursachen anzugehen, aber für uns Frauen heißt es erst mal vorrangig:
– das Tabu Vergewaltigung sprengen,
– lernen, darüber offen zu reden,
– jeder Frau muß bewußt werden, daß sie gefährdet ist. Jede dritte Frau wird einmal im Leben Opfer sexueller Gewalt.

Es wird noch einen schweren Kampf geben, um Frauen den Widerstandswillen beizubringen, damit sie sich selbst schützen können. Denn die Boulevard-Blätter, das Fernsehen, die Mode, die Erziehung zu den sogenannten weiblichen Eigenschaften und vieles mehr lehren die Frau, passiv und opferbereit zu sein. Dagegen müssen wir kämpfen.

Wir hörten von einer Frau in Kiel: Sie wurde an einer Bushaltestelle von einem Mann angegangen, der versuchte, sie zu vergewaltigen. Die Frau nahm ihren ganzen Mut zusammen und trat dem Typ voll in die Eier. Der lag dann erst mal kampfunfähig am Boden. Die Frau konnte wegrennen. Es ist also möglich und wirksam!

Wir Frauen aus der Wohngemeinschaft merken auch, daß der Wille zum Widerstand geübt werden muß.

An einem Nachmittag gehen Eugenie und Gabi in der Einkaufsstraße spazieren. Gabi sagt zu Eugenie: «Wenn du dich hier irgendwo hinsetzt, wirst du bestimmt sofort angemacht!» Eugenie meint: «Das wollen wir doch mal sehen, schließlich haben wir das Recht, uns auf eine Bank zu setzen, wann und wo wir wollen!» Sie steuerten auf die nächste Bank zu. Und prompt kam ein Typ angelaufen und machte anzügliche Bemerkungen. Elsbeth sagte energisch: «Mensch, zieh ab!» Da zog der Mann ein Bündel Geldscheine heraus, die er den Frauen vor den Augen hin und her wedelte, und gab an, daß er genug Geld habe, um sie ins Bett zu kriegen. Eugenie schrie ihn noch mal an: «Mann, verschwinde endlich!» Mit saurem Geischt schob er ab – er hätte ja auch sonst das Volk auf sich gelenkt, weil es noch heller Tag war. Dann fuchtelte er noch mal mit seinen Geldscheinen herum und schrie: «Und ich mach euch naß, und ich mach euch naß!»

Dieses Erlebnis zeigt, daß «frau» kaum Möglichkeiten hat, sich irgendwo an einer Straße oder in der City auszuruhen, ohne daß nicht gleich irgendeiner unverschämt ankommt, der meint, es mit jeder Frau machen zu können. An dieser Stelle muß ich hinzusetzen, daß mich besonders die Anmacherei mancher Ausländer ärgert, in Bielefeld sind das meist Türken. Wenn dann noch der Spruch kommt: «Mit einem deutschen Mann wärst du mitgegangen!», packt mich die Wut: in dieser Situation ist der Vorwurf der Ausländerfeindlichkeit eine unwahrscheinliche Frechheit.

Ich schreie jetzt auch grundsätzlich jeden an, der mich anmacht, auch wenn er mich nicht gleich anfaßt, sondern vom Auto herüberpöbelt oder von der gegenüberliegenden Straßenseite. Wenn die Typen mir zu nahe kommen, schlage ich zu. Zumindest haue ich ihnen erst mal eins auf die Finger, mit denen sie bei mir landen wollen.

Und mir geht es dabei viel besser. Ich bin nachher nicht mehr so niedergeschlagen, weil ich mich gleich voll gewehrt habe. Und ich merke, daß ich nicht mehr so viel Panik entwickle, wenn ich abends draußen bin.

Schwule Freunde

Einige Männer, die sich nach meinem Gefühl gut mit meiner Situation auseinandersetzen, sind schwul. In Bielefeld haben sich ca. zwanzig Schwule zusammengeschlossen. Sie leben in Wohngemeinschaften und versuchen, ihre Situation gemeinsam zu erleben. Sie machen aber nicht nur Tête-à-tête im Hinterstübchen, sondern sind in der politischen Arbeit und in der Alternativbewegung in vielen Gruppen tätig.

Sie sind auch bekannt durch ihren Naturspeiseladen «Löwenzahn». Von diesem Laden leben mehrere der Männer, die dort arbeiten. Schon die Atmosphäre im Laden ist gemütlich und freundlich. Vielleicht sind die Schwulen, die ich kenne, durch die Diskriminierung, die sie oft erfahren, sensibler geworden. Sie spüren eher Ungerechtigkeiten und Brutalitäten.

Einmal kam ich in den «Löwenzahn», um für unsere Wohngemeinschaft einzukaufen. Ich hatte im Laden einen Zettel aufgehängt, wo draufstand, daß ich Kontakt zu vergewaltigten Frauen suche, wegen Erfahrungsaustausch und so. Jochen fragte mich, ob sich schon eine Frau bei mir gemeldet hätte. Ich verneinte. Und der Jochen fand das schlimm, daß ich da immer noch so allein herumkrabbelte mit meiner Frustration. Jochen zeigte, daß er gut verstehen konnte, was bei mir ablief. Er denkt sich in so 'ne Situation herein; und nicht für einen Tag, sondern über einen Zeitraum, in dem fast alle anderen schon vergessen haben, was passiert ist. Ich gehe gern in den «Löwenzahn», weil ich mich da aufgenommen und verstanden fühle.

Doris und andere Frauen

Doris ist neunzehn Jahre alt. Sie studiert Soziologie, und wir lernen uns näher kennen, als sie mir über ihre Arbeit im Altenheim erzählt, in dem auch ich einmal gearbeitet habe. Doris ist fröhlich, selbstbewußt und lebendig, im August 1979 sagt sie, daß sie Lust hat, bei uns im Verein Freie Altenarbeit mitzuarbeiten, weil wir uns dafür einsetzen, daß die alten oder kranken Menschen nicht in solche abartigen Heime rein müssen. Ich freue mich sehr, daß sie zu uns kommen wird, aber erst will Doris noch mit ihrer Freundin Ina nach Griechenland in Urlaub fahren.

Anfang September wundere ich mich deshalb, daß Doris schon wieder da ist. Ich treffe sie an einer Veranstaltung im Umweltzentrum. Doris und ihr Freund sitzen abseits vom Gedränge. «Hallo, bist du schon wieder da?» – «Ja», sagt Doris, «der Urlaub ist nicht ganz so gelaufen, wie ich mir das gedacht habe!» Ich sage: «O Mensch, wenn du schon wieder da bist, kannst du ja bald bei uns einsteigen, wir brauchen unbedingt Leute.»

Ja, das will Doris wohl, aber irgendwie wirkt sie so anders als sonst; so verkrampft! Ich frage sie, warum sie denn schon so früh zurückgekommen ist. Sie sagt: «Ach, da ist ziemlich viel Scheiße abgelaufen, das war echt schlimm!» Ich sag, schon so mit einer aufkommenden Befürchtung: «Ganz schlimm?» – «Ja», nickt sie. Mein Gott, denke ich, die wird doch nicht etwa vergewaltigt worden sein?! Das darf nicht sein. Und ich will diese Angst weit von mir weisen, aber es ist doch so etwas Erschreckendes in ihrem Verhalten. Und ich bohre weiter nach: «Doris, war es ganz schlimm? Bist du etwa vergewaltigt worden?!» Ich kann das nur ganz verzweifelt herausbringen, weil ich es eben nicht wahrhaben will, daß Doris so etwas auch passiert ist. Und dann nickt Doris. Ja, sie ist vergewaltigt worden. Verdammt noch mal, das ist schlimm. Und Doris sitzt da, unfähig zu weinen oder loszuschreien gegen diese Angst und Brutalität, die ihr da zugefügt wurde. Sie ist verkrampft und traurig.

Doris erzählt noch, daß die Vergewaltigung auf einem Schiff passiert ist. Auf einer Fähre von Italien nach Griechenland. Und sie konnte und wollte Ina nichts davon erzählen, weil die sich doch so auf den Urlaub gefreut hatte. Doris dachte, daß sie das auch allein packen würde (dieselbe Selbstüberschätzung, die ich auch in den ersten Tagen nach der Vergewaltigung hatte). Aber dann war sie doch verdammt allein. Auf dem Schiff konnte sie niemand ansprechen. (Ich hatte damals ja noch die Möglichkeit, sofort in meine Wohnung zu fahren – ein warmes Nest zu finden –, aber Doris war ganz allein!)

Der Vergewaltiger war ein Besatzungsmitglied des Schiffes. Gegen den hätte sie erst recht keine Chance gehabt. Ganz hart ist der Gedanke, daß der Typ sich auch bei nächster Gelegenheit wieder eine Frau schnappen wird. In den südlichen Ländern wird Vergewaltigung wohl eher als Volkssport angesehen. – Besonders die Frauen aus den sogenannten sexuell freizügigen Ländern scheinen für die Männer in Südeuropa Freiwild zu sein. Da wird das (anscheinend) freie Bewußtsein mit dem freien Willen einer Frau verwechselt.

Zurück zu Doris: Das Erlebnis auf dem Schiff wurde für sie noch verschlimmert durch die ständige Bedrohung in den nächsten Tagen. Im Hotel in Griechenland mußten Ina und Doris ihr Zimmer regelrecht verrammeln. Ein Typ versuchte doch, mit einem Nachschlüssel in ihr Zimmer zu kommen. Sie mußten das Fenster und die Tür mit Schränken versperren.

Doris war dann so verängstigt, daß sie sich von Ina trennte und wieder nach Hause fuhr. Als Doris dann endlich zu Hause ankam, war sie fertig, aber sie war doch froh, endlich unter vertrauten Gesichtern zu sein.

Nachdem ich an diesem Samstagabend mit Doris gesprochen hatte, war ich mächtig durcheinander. Ich wollte mich auf dem Fest noch mit anderen Freundinnen und Freunden unterhalten, aber ich konnte mich nicht konzentrieren. Immer wieder kreisten meine Gedanken um das, was ich eben erfahren hatte. Jetzt bekam meine bisher isoliert getragene Angst und Wut eine Gefährtin.

Ich entdeckte jetzt bei mir das Gefühl einer Frauensolidarität. Ich konnte mir vorstellen, wie verlassen Doris sich fühlte und welche Quälereien sie erlebte bei dem Versuch, anderen klarzumachen, was passiert war und warum das so schlimm ist. Und dann hört sie von denen, die sich nicht in ihre Situation hineinversetzen können, diese blöden Sprüche: «Ja, wenn du ins Ausland fährst, mußt du dich eben auf die Sitten der Leute dort einstellen», oder: «Ach, so 'ne Vergewaltigung kann doch gar nicht so schlimm sein.» Und das erstaunte Verhalten, wenn Doris nach sechs Wochen immer noch nicht «in Ordnung» ist und Alpträume hat oder Angstvisionen, wenn sie allein in der Wohnung ist.

Doris erzählte einmal einen typischen Traum: «Letzte Nacht hatte ich wieder so einen schlimmen Traum. Da schlug ich mich mit meinem Vergewaltiger herum. Und ich schlug auf ihn ein, traf ihn auch, aber ich hatte immer das Gefühl, daß er gar nichts davon merkt; daß ich eben nicht wirklich treffe.» Aus diesem Traum spricht ihr elendes Ohnmachtsgefühl. Sie hat keine Möglichkeit, sich wirklich zu wehren! Doris und ich sehen uns dann recht häufig. Es ist gut, daß unsere Frauenwohngemeinschaft auch Doris eine entspannte Geborgenheit bieten kann. Durch meine Erfahrungen, die die Frauen so intensiv miterlebt und mitgetragen haben, sind sie jetzt in der Lage, Doris aufzufangen. Bei uns darf sie so leben, wie sie sich fühlt. Und ich spüre, wie wichtig es für mich ist, mit Doris zu reden. Sie ist eine Frau, die meine Erlebnisse und Ängste nachvollziehen kann.

Doris und ich telefonieren miteinander. Sie erzählt, daß es in ihrer Wohngemeinschaft zu Spannungen kommt, weil die Leute nicht so richtig kapieren können, was bei ihr abläuft – und warum sie so aggressiv ist. Und sie wird immer nervöser und kaputter.

Ich rate Doris, daß sie ihre Ängste zulassen muß und daß die Leute ihrer Wohngemeinschaft (ihr Freund und zwei andere Frauen) sie so annehmen müssen, weil es nun mal so ist. Mit ihrem Freund rede ich ab und zu. Und der gibt sich auch Mühe. Manchmal sieht er ganz schön mitgenommen aus, weil es bei ihm eben nicht nur an der Oberfläche kratzt.

Doris ist zunächst nicht in der Lage, viel über ihre Vergewaltigung zu erzählen. Aber eines spürt sie deutlich: Das nämlich das Nachher noch viel schlimmer sein kann als die Vergewaltigung selbst. Sie hat überhaupt keine Möglichkeit, sich gegen den Typen zu wehren, etwas wieder auszugleichen. Ich konnte wenigstens noch Anzeige erstatten, und bei mir ist es in der Stadt passiert, in der ich auch wohne. Für Doris ist das alles ungreifbar weit weg. Deshalb wird sie ihre Angst auch so schlecht los.

Wir finden uns wieder in ähnlichen Erfahrungen, was den

Umgang mit unseren Bekannten und uns selbst angeht. Beide merken wir immer mehr Wut und Ekel gegen Brutalität überhaupt. Sei es ein Buch oder ein Film, wie z. B. dieser idiotische Film: ‹The Rocky Horror Picture Show›, wo Brutalität und Sexualität besonders pervers miteinander verbunden sind. Und unsere Wut wird mitgetragen von den Frauen aus unserer Wohngemeinschaft und anderen Frauen. Gegen Menschen, die brutal sind, bekommen wir ständig wachsende Aggressionen und große Lust, die mal richtig zu verprügeln, damit sie auch was spüren. Und zu sensiblen, lieben Leuten haben wir ein wachsendes Gefühl der Zuneigung und Zärtlichkeit. Und das wollen wir leben!

Wir merken, wie wichtig es ist, daß vergewaltigte Frauen sich solidarisieren. Der Erfahrungsaustausch mit Doris macht mir klar, daß das, was ich erlebt und empfunden habe, auch real war. Damals war ich oft unsicher, ob eine Vergewaltigung so viel persönliches Chaos auslösen kann. Dann suchte ich bei mir rum: Liegt es an der Arbeit? Liegt es an Beziehungsquerelen? Kommt mal wieder irgendwas hoch aus Kindheit und Schule? Heute weiß ich, daß ich nicht mehr herumsuchen brauche. Ich habe durch Doris' sehr ähnliche Erfahrungen gesehen, daß alles, was ich an chaotischen Stimmungen und Ängsten hatte, wirklich mit der Vergewaltigung zusammenhängt. Deshalb bin ich jetzt viel entspannter und ruhiger geworden. Die Frauen, die nicht über ihre Vergewaltigung sprechen und die Nachwirkungen so sehr verdrängen, werden nie mit ihrer Angst fertig werden. Werden sie verbittert oder noch zurückhaltender? Trauen sie sich allein nirgendwo mehr hin? Ich weiß es nicht. Ich glaube, daß solche Wunden nur dann einigermaßen heilen, wenn Offenheit, Hilfe, Vertrautheit, Nestwärme gegeben wird, wo «frau» wieder auftanken kann. Narben bleiben auf jeden Fall. Aber es ist die Frage, wie schmerzhaft sie sind!

Doris und ich planen, im Bielefelder Frauenbuchladen eine Kontaktgruppe für vergewaltigte Frauen aufzubauen. Doris braucht allerdings noch einige Monate, um genügend Abstand zu bekommen. Noch immer ist sie nicht in der Lage, zusammenhängend und ausführlich über ihre Vergewaltigung zu sprechen.

IV. Die Verhaftung

Der Täter wird entdeckt

Eines Abends sitzen wir zu dritt in meinem Zimmer. Gegen 23 Uhr 15 klingelt das Telefon. Hans will mich sprechen. Er ist gerade im Umweltzentrum, um noch etwas aus dem Büro zu holen. Als er in den Raum kam und Licht anmachte, bemerkte er einen Mann, der sich unter dem Schreibtisch versteckt hatte. Hans erschreckt sich. Der Mann nutzt diese Schrecksekunde und rennt ohne etwas zu sagen aus dem Laden. Hans saust hinterher. Da der Mann aber in Richtung eines leerstehenden, riesigen Fabrikgeländes läuft, traut sich Hans nicht mehr weiter. Er kehrt zurück und ruft mich einige Minuten später an. Eigentlich will er mich nur bitten, ins Umweltzentrum zu kommen, um die Kasse zu überprüfen und festzustellen, ob der Mann etwas gestohlen hat. Ich frage, wie der Mann ausgesehen hat. Als Hans mir den Typen beschreibt, fällt mir die Ähnlichkeit mit dem Mann auf, der mich fast genau vor einem Jahr im Umweltzentrum vergewaltigt hat. Ich frage nach bestimmten Merkmalen (Figur, Alter, Haarfarbe etc.) des Eindringlings, und Hans bestätigt das. «Mensch», rufe ich in den Hörer: «Das kann der Mann sein, der mich vergewaltigt hat, ich komme mal zu dir ins Umweltzentrum!» Erst nachdem ich den Hörer aufgelegt habe, packt mich die Angst. Auf was lasse ich mich da ein? Was ist, wenn das wirklich der Mann war? Ich habe doch nicht mehr geglaubt, daß der Typ eines Tages wieder auftaucht. Ich wollte auch nichts mehr damit zu tun haben.

Und auf dem Weg zum Umweltzentrum glaube ich immer noch daran, daß das nur eine zufällige Ähnlichkeit war. Der Vergewaltiger ist sicher nicht mehr in Bielefeld. Was für 'n Irrtum!

Als ich ankomme, hat Hans bereits die Polizei gerufen. Die Beamten lassen sich erzählen, was vorgefallen ist, und fahren dann los, um die Umgebung nach dem Mann abzusuchen.

Hans und ich schauen uns inzwischen im Umweltzentrum um, ob ein Fenster offen ist, durch das der Täter gekommen sein kann. Dabei sagt Hans: «Wenn ich gewußt hätte, daß das eventuell der Mann sein kann, der dich vergewaltigt hat, wäre ich sicher schneller gelaufen. Dann hätte ich ihn wahrscheinlich gepackt.» Ich bin froh, daß Hans das jetzt sagt. Ich glaube, er hat doch etwas gelernt!

Die Polizeibeamten sind nach zehn Minuten wieder da. Sie bitten uns, einen Mann anzusehen, den sie in der Nähe angetroffen haben. Sie nahmen ihn mit, weil die Beschreibung auf ihn paßte.

Das Auto, in dem der Mann sitzt, steht an einer relativ dunklen Stelle. Ich bitte die Beamten, den Mann aussteigen zu lassen, damit ich ihn besser sehe.

Schon als er aussteigt, um sich unter eine Laterne zu stellen, weiß ich, daß es der Vergewaltiger ist. Aber in den ersten Sekunden will ich das doch nicht wahrhaben. Was ist, wenn dieser Mann meinem Vergewaltiger nur sehr ähnlich sieht? Dann bringe ich einen Unschuldigen ins Gefängnis. Und überhaupt! – Darf ich denn sagen, daß das der Vergewaltiger ist? Dann geht ja der ganze Scheiß los – so mit Wiederaufnahme des Verfahrens, Gerichtsprozeß und blöder Fragerei. Und dann muß der Typ in den Knast, schießt es mir durch den Kopf, weil ich ihn angezeigt habe!

Ich muß es ja nicht tun. Aber was bedeutet das, wenn ich sage, daß das nicht der Vergewaltiger ist? Erstens weiß ich, daß ich dann lüge. Und dann kommt auch noch die Angst! Wenn die ihn jetzt laufenlassen, bringt er mich vielleicht um. Außerdem ist es möglich, daß er weiter vergewaltigt! Wieviel!?

Ich bitte den Mann, mich anzusehen. Und er tut es – für einen Augenblick. Und als ich ihm in die Augen sehe, glaube ich, daß er mich erkennt. Er dreht das Gesicht dann zur Seite. Er will mich nicht mehr ansehen. Um jetzt noch sicherer zu werden, bitte ich die Beamten, den Mann etwas zu fragen, damit ich seine Stimme höre. Und der Mann wird ruppig. Er schimpft und wehrt sich. Und genau diese kalte, abgebrühte Art ist es, die mich an alles wieder erinnert. Ganze Szenen der Vergewaltigung kommen mir zu Bewußtsein: Wie ich versuchte, mit ihm zu reden und er kalt und brutal reagierte – und wie er mich erniedrigte –, und wie er mich zwang, mich selbst zu entwerten.

Als mich ein Beamter zur Seite bat und leise fragte, ob das der Mann sei, der mich vergewaltigt habe, antwortete ich: «Ja, ich bin mir ziemlich sicher. Besonders seine Art, wie er spricht, kenne ich wieder. Er hat sich zwar etwas verändert in dem einen Jahr – die Haare sind etwas anders, und er hat sich einen Schnurrbart wachsen lassen –, aber nicht so sehr, daß ich ihn nicht wiedererkennen könnte. Ich möchte ihn aber noch einmal bei Tageslicht sehen, um ganz sicher zu sein.»

Jetzt wird der Mann von den Beamten gefragt, ob er mich kennt und ob er schon im Umweltzentrum gewesen ist. Er verneint beides. Wieder ist bei mir Ungewißheit. Vielleicht sagt der Mann ja die Wahrheit, vielleicht verwechsle ich ihn nur – aber ich bin doch sicher, daß er es ist. Warum habe ich soviel Angst vor dem Jasagen!? Bei der weiteren Befragung des Mannes durch die Polizeibeamten sagt er, daß er arbeits- und wohnungslos ist. Er hat auch schon mit der Polizei «zu tun gehabt», sagt aber (vermutlich weil ich dabeistehe) nicht weshalb.

Er wird zur weiteren Überprüfung seiner Person mit zur Polizeiwache genommen. Die Beamten, die ruhig und nett zu mir sind, stellen mir noch einige Fragen wegen der damaligen Vergewaltigung. Kurz darauf kommen zwei Kripobeamte, um eventuelle Spuren zu sichern, die im Büro sein könnten. Der eine Beamte fragt noch mal, um was es geht, und als ich ihm sage, daß es sich auch um eine Vergewaltigung dreht, die im Umweltzentrum passiert ist, sieht mich der Beamte an und fragt: «Wie – hier im Raum?» Und ein blödes Grinsen zieht durch sein Gesicht. Da ich viel zu müde bin, habe ich keine Lust mehr, mich mit dem Beamten zu streiten. Die Beamten ziehen auch kurze Zeit später ab.

Als ich mich von Hans verabschiede ist es spät geworden. Ich bin so genervt, daß ich am ganzen Körper zittere. Ich fahre schnell nach Hause. Gabi ist noch wach. Sie hat sich Sorgen gemacht. Ich setze mich zu ihr aufs Bett, froh, daß sie da ist – vertraut. Bei ihr versuche ich dann erst mal, ruhiger zu werden. Ich zittere so stark, daß es erst etwas dauert, bevor ich überhaupt sprechen kann. Dann erzähle ich, was passiert ist. Ich spreche auch von meinen Ängsten, und wie schlimm ich es finde, daß jetzt alles wieder aufgewühlt wird. Das löst die Spannung etwas. Ich gehe in mein Zimmer und versuche mich auszuruhen. Aber ich kann nicht schlafen. Ich habe Angst, wie es weitergehen soll. Was ist, wenn der Mann doch nicht der Vergewaltiger ist? Habe ich mich auch wirklich nicht vertan? Es war doch nur im Laternenlicht – und der Mann hat alles abgestritten. Aber dann sage ich mir doch, daß er es sein muß. Ich weiß es! Mitten in der Nacht ruft die Polizei an. Sie erzählt, daß der Mann dort «einschlägig bekannt ist».

Meine Aussage wird nicht mehr so stark angezweifelt. Der Mann behauptet allerdings, die Tat nicht begangen zu haben, weil er noch bis zum 18. September 1978 im Knast gewesen sei. Bei genauer Überprüfung stellt sich dann aber heraus, daß er Freigänger war, und da das Gefängnis in der Nähe von Bielefeld ist, konnte er abends wieder zurückwandern, ohne daß etwas aufgefallen war. Ich muß dem Beamten dann noch mal kurz schildern, was vor einem Jahr geschehen ist.

Nach dem Telefonat gehe ich noch mal zu Gabi, um ihr den Anruf zu erzählen. Es tut gut, daß ich jetzt nicht allein sein muß. Gabi hat die Geduld, sich alles anzuhören, wo sie doch sonst an ihrem ungestörten Schlaf hängt.

Um 3 Uhr 15 geht wieder das Telefon. Ein Beamter sagt, daß ich am Vormittag unbedingt zur Protokollaufnahme in die Polizeiwache kommen muß. Ich sag, daß ich arbeiten muß und auf keinen Fall bei der alten Dame fehlen darf. Dann muß ich eben gleich zur Polizei. Ich wecke Gabi und frage sie, ob sie mitgeht. Nach den schlechten Erfahrungen vor einem Jahr im Umweltzentrum habe ich keine Lust mehr, allein zu gehen.

Gabi steht auch auf und zieht sich an. Da ich schon wieder stark zittere und mich chaotisch fühle, nehme ich eine Beruhigungstablette.

Auf der Polizeiwache werden wir zu dem Beamten geschickt, der vorher im Umweltzentrum diese blöde Frage gestellt hat. Jetzt ist er etwas freundlicher. Ich muß noch mal bestätigen, daß ich den Vergewaltiger wiedererkannt habe. Dann unterschreibe ich das Ganze und ziehe mit Gabi wieder ab nach Hause. Wir sind beide k. o.

Am Morgen fahre ich dann zu der alten Dame, die ich vormittags betreue. Ich kann mich kaum auf die Arbeit konzentrieren. Ich hab Herzrasen, und mir ist übel. Mittags kann ich nichts essen. Ich habe Angst durchzudrehen. Ich rufe noch mal bei der Polizei an. Der zuständige Sachbearbeiter bittet mich, noch einmal zu kommen.

Ich rufe Rolf an und bitte ihn, mit mir zu gehen. Ich bin immer noch sehr aufgeregt. Als wir zur Tür hereinkommen, begrüßt uns der Beamte sehr freundlich (warum konnte er sich vor einem Jahr nicht so verhalten?). Er ist jetzt zugänglich und hat Geduld und Zeit für ein Gespräch. Fast meine ich zu spüren, daß er sich entschuldigen möchte für die ruppige Szene im Umweltzentrum damals.

Er fragt mich noch mal, ob ich den Mann wiedererkannt habe.

Ich bejahe das. Dann holt der Sachmann den Günther (jetzt erfahre ich seinen Namen) herein. Ich bin ganz sicher, daß er es ist. Er hat auch vorher schon gestanden, wie ich jetzt erfahre.

Nachdem er wieder herausgeführt worden ist, sprechen wir noch kurz über die Verhaftung. Mit dem Einbruch hat Günther wohl nichts zu tun. Es war also purer Zufall, daß er geschnappt wurde.

Einen Menschen in den Knast bringen?

Bei der Polizei habe ich gehört, daß mein Vergewaltiger wahrscheinlich bis zum Prozeß in Untersuchungshaft kommen wird. Der Vergewaltiger ist durch die Namensnennung – Günther – zur Persönlichkeit für mich geworden. Mit dieser Person setze ich mich jetzt innerlich auseinander.

Vorher war er der große Unbekannte. Ein Mann, der mich gefühllos vergewaltigte. Ich weiß, daß dieser Mann sein Vorhaben genau überlegt und geplant hat. Nach meiner Meinung kam er mit der Absicht ins Umweltzentrum, diese Frau, die er von draußen durch die Fenster sah, zu erniedrigen.

Aber jetzt ist dieser Mann ein Name! Diesen Günther, den ich zwar nicht kenne, der aber doch lebt – fühlt – existieren will –, diesen Günther bringe ich in den Knast.

Da Vergewaltigung ein Gewaltverbrechen ist, kann ich meine Anzeige nicht zurückziehen. Das wußte ich auch, bevor ich die Anzeige gemacht habe. Ich wollte ja auch das Verfahren durchziehen.

Aber daß ich mich jetzt so sehr mit meiner eigenen Moral, meinem Gewissen oder wie ich das sonst bezeichnen soll – auseinandersetzen muß, das wußte ich vorher nicht!

Wo es jetzt darum geht, einen Menschen bewußt in den Knast zu bringen, weil es fast die einzige Möglichkeit ist, sich selbst zu wehren gegen eine unmenschliche Brutalität und Entwürdigung – da wird mir meine gute Erziehung zum moralischen Gefechtsgegner.
– Liebe deine Feinde.
– Ich muß im anderen immer das Gute sehen.
– Ich darf dem anderen nichts Böses antun.
– Eine Frau muß opferbereit sein!

All diese moralischen Werte streiten sich jetzt mit dem Gedanken, daß ich – Theresia – einen Mann, der sogar noch jünger ist als ich, ins Gefängnis bringe.

Und abends kann ich nicht einschlafen, weil ich mich mit Günther auseinandersetze. Auch im Traum versuche ich ihm zu erklären, warum ich mich wehren muß – und er deshalb in den Knast muß.

Am schlimmsten aber sind die Auseinandersetzungen mit

Freunden und Bekannten. So z. B. die Frage: «Na und? Bist du jetzt froh, daß der Typ im Knast ist?» Diese Frage hat einen so spitzen Unterton, daß ich mich angeklagt fühle. (Ich bin schuld!) Ich habe das Gefühl, daß die lieben Mitbürger mir das jetzt vorwerfen, daß mein Vergewaltiger in den Knast gekommen ist. Hauptsache, ich habe meine Rache! Und der arme Günther muß jetzt jahrelang im Knast sitzen, nur weil ich rachedurstig war (wie Brunhild aus der Siegfriedsage!). Und immer wieder das Gefühl, mich gegen diese Vorwürfe verteidigen zu müssen, obwohl ich sie mir doch selbst schon mache.

Da ich so starke Alpträume habe und jeden Morgen kaputt bin, nehme ich wieder Beruhigungstabletten. Das scheint die beste Möglichkeit, nachts abschalten zu können. Wäre nicht der Halt in unserer Frauenwohngemeinschaft – ich weiß nicht, ob ich dann nicht total durchgedreht wäre. Die Frauen arbeiten diese Gewissenskonflikte mit mir auf.

Und als Eugenie nach Kiel umzieht, gerade an dem Tag, als es mir besonders schlecht geht, da kann ich endlich losheulen. Und Elsbeth weint auch. Dadurch lösen sich die ersten Spannungen.

Doris ist da, die mit mir zusammen kämpft. Die schimpfen kann und traurig ist, genau wie ich.

Sie macht in diesen Tagen ähnlich üble Erfahrungen mit Freunden, wie ich es in meiner Gruppe auch erlebte. Ihre Gruppe ist menschlich ebensowenig in der Lage, sie aufzufangen, wie es bei mir der AK Umwelt war. Nur vereinzelt kommt eine solidarische Geste. Aber auch in Doris' Gruppe sind die Typen zu verkopft und zu verklemmt, um zu kapieren, was sie durchmacht. Diese verdammten Intellektuellen müssen endlich lernen, auch über den Körper, das Fühlen, die Augen zu leben, um sich mitzuteilen.

Deshalb will ich auch einen Denkanstoß geben. Der Anlaß dazu ist die erste Gruppensitzung des AK Umwelt nach der Verhaftung meines Vergewaltigers. Bis auf eine kurze, ziemlich distanzierte Aufforderung: «Na, erzähl mal», kommt kein Anzeichen der Solidarität von den Mitarbeitern. Es sind zwei Neue in der Gruppe, und sie sollen doch mit so was nicht belastet werden. Aber, verdammt noch mal, warum kommt von euch kein Anzeichen der Solidarität! Nur etwas Hilfe, wie: «Mensch, das muß aber ein Schock für dich gewesen sein», oder: «Wie geht es dir denn jetzt?», oder: «Was passiert denn jetzt – können wir dir irgendwie helfen?» Einen Augenblick der Wärme hättet ihr doch bringen können.

Mir war nach dieser Arbeitssitzung so übel, daß ich keine Lust hatte, weiterhin die Sitzungen zu besuchen. Da war es schon ganz gut, daß mal zwei Leute anriefen, um mit mir zu sprechen. Ich war leider nicht da, so daß ich nicht mit ihnen reden konnte. Aber immerhin! Eine Reaktion!

Dann kam so 'ne unüberlegte Frage einige Tage später: «Darf man dich eigentlich überhaupt noch ansprechen?» Genau das Gegenteil hättest du sagen sollen, wenn dir wirklich daran gelegen ist, daß ich weiter mitarbeite und daß wir uns auch menschlich nicht verlieren – nämlich: «Sollen wir uns mal alle treffen, damit wir in Ruhe reden können?»

Die Mitarbeiter des Vereins Freie Altenarbeit hatten mehr Einfühlungsvermögen. Sie zeigten sich nach der Verhaftung Günthers sehr solidarisch mit mir.

Wir treffen uns auch oft, um über persönliche Erfahrungen und Probleme zu sprechen. Auch wenn jeder seinen eigenen Bekanntenkreis hat, ist diese Gruppe doch eher in der Lage, sich gegenseitig menschlich zu tragen. Freude und Traurigkeit wird zugelassen und nicht herausgedrängt.

Vielleicht liegt das auch daran, daß diese Leute keine abgehobenen Theoretiker sind. Sie haben es gelernt, mit menschlichen Problemen umzugehen. Sie laufen nicht mehr davon, obwohl viele jünger sind, als die Leute aus den intellektuellen Arbeitskreisen. Die Mitarbeiter des Vereins sind auch mehr gefährdet, weil sie oft abends noch rumfahren müssen, um die Schwerkranken zu versorgen. Eine hat z. B. schon vier versuchte Vergewaltigungen hinter sich. Und sie ist erst zwanzig Jahre alt!

Der Prozeß wird vorbereitet

Als ich damals die Anzeige aufgab, war ich schon gewarnt worden; ich würde ganz schön ausgequetscht werden im Gerichtssaal. Die Berlinerinnen vom Notruf für vergewaltigte Frauen schrieben mir, daß ich als Nebenklägerin auftreten solle. Ansonsten wäre ich nur Zeugin und hätte, obwohl ich als Opfer ein berechtigtes Interesse am Verlauf der Verhandlung habe, dann keine Einflußmöglichkeiten.

Deshalb entschied ich mich, nach der Verhaftung Günthers die Nebenklägerschaft zu beantragen. Als Nebenklägerin habe ich das Recht, Fragen an den Angeklagten zu stellen – ich kann während des ganzen Prozesses im Gerichtssaal bleiben und darf entwürdigende Fragen zurückweisen.

Auf der Suche nach einem Rechtsanwalt wird mir Sibylle, eine Mitarbeiterin des Bielefelder Frauenhauses, empfohlen. Sibylle war bereit, meinen Fall zu übernehmen. Um die Nebenklägerschaft zu beantragen, muß ich erst mal Unterlagen ranschleppen. Das nervt mich sehr. Da muß ich eine Frau anrufen, deren Mutter ich damals drei Wochen betreuen sollte. Die Frau ist Gott sei Dank sehr lieb und schickt mir gleich die Bescheinigung über den Verdienstausfall. Dann rufe ich die Mitarbeiterin der Volkshochschule Bielefeld an. Für den damals dort ausgefallenen Gesprächskreis benötige ich eine Bescheinigung. Diese wird mir dann auch ausgestellt. Dann Anruf bei der Krankenkasse wegen Bescheinigung über Versicherungsverhältnis und Arbeitsausfall.

Da meine Rechtschutzversicherung (für die ich immerhin jährlich 170 DM bezahle) die Klage auf Schmerzensgeld und Schadenersatz (Verdienstausfall) eventuell nicht übernimmt, muß ich auch noch zum Sozialamt, um eine Armenrechtsbescheinigung zu besorgen. Als ich dort ankomme, werd ich erst mal wieder nach Hause geschickt, weil da nämlich nicht jeder einfach herkommen und eine Bescheinigung beantragen kann. Da muß erst mal ein Termin gemacht werden (in Wirklichkeit dauert die Bearbeitung und Ausstellung eines solchen Papiers höchstens zehn Minuten!). «Also kommen Sie mal am Freitag um acht Uhr. Da kann ich Sie noch zwischenkriegen, und bringen Sie Ihre Mietbescheinigung, Verdienstbescheinigung, Ummeldebestätigung für den zweiten Wohnsitz, Personalausweis und Bescheinigung über sonstige Belastungen mit!

Worum geht es überhaupt?» fragt der Sachmann weiter. Schon wieder muß ich erklären. Verdammt noch mal, hört das denn nie auf? Und ich könnte da aufm Sozialamt losheulen. Das mach ich dann aber doch nicht, sondern renne schnell raus.

Mir ist ganz übel von diesem Behördenkram. Dann wieder am Freitag zum Sozialamt. Da hab ich meine Unterlagen alle zusammengesucht (ich war schon froh, daß ich die Papiere gefunden hab, weil ich auf so was keinen Wert lege und deshalb auch immer was verlege), und da fragt mich der Beamte schon wieder, warum ich das Armenrechtszeugnis brauche. Das hat er vergessen, weil er wohl täglich so viele Gesichter sieht, daß er nicht alles mitkriegt. Aber ich bin die Dumme, weil ich ständig das wiederholen muß, das ich doch lieber schnell vergessen würde.

Ich atme auf, als ich endlich die Papiere zusammen hab. Dann mit dem Kram zur Rechtsanwältin. Mit Sibylle werd ich wohl gut klarkommen. Vor allem, weil sie eine Frau ist. Da brauch ich nicht so viel zu erklären. Durch die Arbeit im Frauenhaus hat sie auch viel Erfahrung mit der Problematik von Gewalt gegen Frauen. In den ersten zweieinhalb Wochen nach der Vergewaltigung war ich krank, und auch in den darauffolgenden drei Wochen ging es nur halbtags. Erst dann hatte ich das Gefühl, die Arbeit wieder voll schaffen zu können. Mit der Vergewaltigung war folgender finanzieller Verlust verbunden (die Kleinigkeiten schreib ich nicht damit zu):

50,– DM	durch Diebstahl;
850,– DM	eine dreiwöchige Nachtwache, die ich absagen mußte, weil ich nachts Angst hatte;
1300,– DM	für einen Volkshochschulkursus, der damals nicht anlief, weil ich keine Werbung dafür machen konnte. Diese Werbung war für den guten Start des Kurses notwendig: eine neue Form eines Gesprächskreises für Senioren. Ich hätte diesen Kursus auch wohl nicht durchführen können, weil ich Konzentrationsschwierigkeiten hatte;
400,– DM	Verlust durch Einsätze in der Tagespflege.

Ich war zwar krankenversichert, die Krankenkasse zahlt aber erst ab dem 22. Tag Krankentagegeld, weil ich freiberuflich tätig bin. Und da ich mich erst in der zweiten Woche nach der Vergewaltigung krankschreiben ließ, war ich offiziell nur elf Tage krank gemeldet.

Meine Rechtsschutzversicherung übernimmt auch nicht die Beratungskosten des Rechtsanwalts, den ich aufgesucht hatte, um mich über den Prozeß zu informieren. Mein Glück war, daß der Anwalt kein Geld für die Beratung genommen hat.

Durch den Arbeitsausfall hatte ich also insgesamt einen Schaden in Höhe von über 2500 DM. Das Geld mußte ich dann später durch Mehrarbeit wieder hereinholen. Ich erkundigte mich auch beim Versorgungsamt, ob ich Ansprüche auf Entschädigung hätte. Das Versorgungsamt hilft Opfern von Schwerverbrechen, wenn von anderer Seite keine Hilfe zu erwarten ist. Um die Hilfe zu bekommen, muß die Tat angezeigt sein. Ich erfahre, daß nur die Personen Hilfe bekommen, die körperlich schwer verletzt sind (Invalidität) und über lange Zeit oder auf Dauer berufsunfähig sind. Ich bekam also keine Hilfe. Im März 1980 fand der zivilrechtliche Prozeß statt, den meine Anwältin für mich angestrengt hatte. Wir klagten auf 3000 DM Schmerzensgeld und 2300 DM Lohnausfall. Von dem Lohnausfall wurden 1300 DM (für den Volkshochschulkursus) nicht anerkannt. Insgesamt belief sich dann die vom Täter zu zahlende Summe auf 4000 DM. Da der Täter weder jetzt noch in den kommenden Jahren Geld besitzen wird, ist es fraglich, ob ich diese Summe jemals erhalten werde. Sie ist aber immerhin dreißig Jahre einklagbar. Es geht mir auch nicht darum, daß ich das Geld bekomme, viel wichtiger war es für mich, meine Rechte als Opfer wahrzunehmen. Vielleicht wird dem Täter dadurch deutlich, daß ich alle Mittel ausnutze, mich gegen ihn zu wehren.

Vom Abbau der Angst

Als ich den Kram mit der Prozeßvorbereitung so weit klar habe, bin ich heilfroh. Jetzt geht's mir auch viel besser. Die Alpträume sind nur noch selten. Mit Gabi fahre ich in den Urlaub. Wir trampen durch die Gegend, und die Angst vorm Trampen wird immer geringer, auch wenn wir das Bewußtsein haben, daß etwas passieren kann. Aber ich bekomme wieder Vertrauen zu mir selbst. Deshalb kann ich mit meiner Angst umgehen.

Und jeden Tag wird sie weniger. Das Trauma der Vergewaltigung löst sich immer mehr auf. Es bleibt ein etwas bitterer Nachgeschmack, aber es ist kein Horrorgefühl mehr. Jetzt bin ich auch in der Lage, die Vergewaltigung ruhig zu durchdenken. Ich will mich bewußt auf den Prozeß vorbereiten. Dazu rolle ich nochmals alles auf, und die Punkte, die mir besonders wichtig sind, schreibe ich auf. Ich bin jetzt in der Lage, frei und ohne Übelkeit zu schreiben. Ich habe Abstand bekommen. Indem ich anfange, alles aufzuschreiben, merke ich auch, wo noch traumatische und wohl auch unverarbeitete Erlebnisse sind. Wenn ich vor solch einer Problematik stehe, ist mir erst ganz komisch – ich möchte ihr ausweichen. Schreibe ich es dann aber auf, merke ich, wie ich die Last regelrecht ablegen kann. Ich wußte nicht, daß das Schreiben so wohltuend sein kann.

Ich merke auch, daß ich die Vergewaltigung eher verarbeiten kann als andere. Denn die meisten Frauen können nicht darüber sprechen. Erschreckt weichen sie zurück ins Schweigen. Höchstens eine Andeutung ist dann zu verspüren, daß da etwas sehr weh tut. Aber sie können es nicht aussprechen. Auch bei Doris merke ich das. Vielleicht weil ihre Vergewaltigung verborgener war (im Ausland), scheint sie es nicht zu schaffen, sich von diesem Trauma zu lösen. Deshalb hat sie auch immer wieder mal Alpträume.

Vielleicht wird aus dem, was ich jetzt schreibe, einmal ein Buch, denke ich immer öfter. Es wird höchste Zeit, daß vergewaltigte Frauen anfangen, das Tabu zu sprengen. Die Frauen reden doch auch deshalb nicht, weil die Umwelt schon bei Andeutungen in Ablehnung und irritiertes Verhalten wechselt. Über einen Verkehrsunfall kannst du sprechen. Das ist spannend, und da findest du immer interessierte Zuhörer. Aber über eine Vergewaltigung kannst du nicht sprechen, denn da stößt du auf Ablehnung. Höchstens die ganz aktuelle Geschichte mag man hören. Aber wenn es um die wirkliche Betroffenheit der Frau geht, zieht sich jedermann zurück.

Als ich das, was ich geschrieben hab, einigen zu lesen anbiete, sind die Bekannten nicht mehr abweisend. Es ist ein wirkliches Interesse da. Und für mich ist es gut, daß ich es aufgeschrieben habe, denn jetzt kann ich mich damit erklären. Ich muß nicht immer reden. Es reicht, wenn sie lesen, was ich geschrieben habe.

Im November 1979 merke ich dann auch, daß ich wieder Lust darauf habe, mit einem Freund zu schlafen. Und die Angst ist vorbei, denn er ist sehr lieb und zärtlich.

Vielleicht macht es doch etwas aus, daß der Vergewaltiger jetzt im Knast ist. Er ist keine Bedrohung mehr. Jetzt weiß ich, daß ich wieder mit einem Mann allein sein kann. Die Panikstimmungen sind vorbei. Das ist so, als wenn mir ein dicker Stein vom Körper genommen wurde. Auch körperlich fühle ich mich wesentlich besser. Nach der Vergewaltigung hatte ich doch eine Menge Macken:

Weihnachten 1978 – Blasen- und Nierenbeckenentzündung;

Sommer 1979 – wieder Nierenbeckenentzündung;

danach – drei Monate eine Blasenentzündung. (Da ich mich immer warm anziehe, kann es eigentlich nur psychosomatisch gewesen sein.)

Nach der Vergewaltigung – Kopfschmerzen, Übelkeit, Gleichgewichtsstörungen, bei jeder Anstrengung Herzrasen, außerdem Konzentrationsschwierigkeiten (ich wußte oft nicht, was ich gerade getan hatte).

– Alpträume und Heulkrämpfe.

Nach der Verhaftung des Vergewaltigers:

– Wieder starker Unruhezustand mit Alpträumen und Panikstimmungen,

bei jeder Anstrengung (z. B. bei Behördengängen) Magen- und Schleimhautreizungen.

Jetzt im November 1979 fühle ich mich wesentlich besser. Ich bekomme nicht mehr diese Kopfschmerzen und Übelkeit, wenn ich an die Vergewaltigung erinnert werde. Nachts kann ich besser schlafen. Es scheint mir, als hätte ich ein Jahr in einer anderen Welt gelebt.

Durch die Vergewaltigung wurde ich darauf gestoßen, daß ich als Eigenbrötler nicht leben kann und auch nicht leben will. Jetzt habe ich einen Freundeskreis, den ich verlassen kann, der mich aber immer trägt. Die Beziehungen zu Frauen sind das Beständige. Dauerhafte und freundschaftliche Beziehungen zu Männern versuche ich aufzubauen. Das braucht Zeit, denn die üblichen Verhaltensmuster müssen überwunden werden, eigenes will entdeckt und geübt werden. Ich habe keine Lust mehr zu diesen alltäglichen Eintagsbeziehungen.

Wir wollen uns nicht besitzen, aber wir müssen lernen, daß wir uns brauchen. Wenn wir versuchen, ehrlich zu leben und Gefühle zu zeigen, bekommen wir eine Ebene, die Vertrauen zuläßt. Und dann verlieren wir uns auch nicht mehr so schnell.

Wir Frauen können durch unsere offene Solidarität, unseren Zusammenhalt, denen Widerstand leisten, die uns Gewalt antun wollen – und das versuchen sie ja meistens bei einer, die allein ist. Unsere Solidarität kann Angst machen. Schon jetzt merken wir in unserer Frauenwohngemeinschaft, wie stark wir uns fühlen, weil wir ein gemeinsames Bewußtsein haben. Und das gibt ein gutes Gefühl!

20. 11. 1980

Nach einem Jahr schreibe ich weiter. In den vergangenen Monaten wollte ich Abstand gewinnen. Die bedrängenden Probleme der Vergewaltigung hatte ich mir von der Seele geschrieben. So war ich nur wenig motiviert, weiterzuarbeiten. Ich glaube aber, daß es wichtig ist, auch über meine weitere Entwicklung zu berichten. Vielleicht hilft es anderen Frauen, z. B. bei der Frage, ob sie anzeigen wollen.

In den ersten Wochen nach der Vergewaltigung des Täters wartete ich ungeduldig auf den Prozeß. Da sich dieser aber hinauszögerte, beschäftigte ich mich immer weniger damit. Ich war froh, im Alltagstrott nicht daran denken zu müssen. Zwei psychiatrische Gutachten, die über den Täter angefertigt werden mußten, verzögerten den Prozeßtermin. Inzwischen hatte ich gelernt, gelassener über meine Erfahrungen zu sprechen. Manchen gab ich vorsichtig mein Manuskript zu lesen, und nachdem ich keine schlechten Erfahrungen damit machte, gab ich den Text auch an flüchtige Bekannte. Vielleicht ist einigen bewußt geworden, was Vergewaltigung bedeutet.

Zwei Freunde, die das Manuskript gelesen haben, sprechen über ihre Erfahrungen mit ihrer Sexualität und den kleinen Vergewaltigungen, wie etwa das Überreden der Freundin, die nicht mit ihrem Freund schlafen will, und den Schwierigkeiten, selbst aus der Rolle des Mackers, der sich eine Frau «nimmt», «aufreißt» oder «erobert», herauszukommen.

Wir sprechen auch offener über Gewalt in «normalen» Beziehungen und wie wir lernen können, liebevoller miteinander umzugehen. Dabei lerne ich viel über mein eigenes Verhalten. Ich habe früher ab und zu mit einem Mann geschlafen, auch wenn ich nicht wollte. Aber ich hatte Angst, daß der Mann nichts mehr von mir wissen wollte, wenn ich nicht mit ihm ins Bett ging. Jetzt kann ich üben, ehrlicher zu sein. Damit enden die oberflächlichen sexuellen Beziehungen und es entsteht ein Gefühl, wirklich zu leben, wie es meinen Bedürfnissen entspricht.

Einige der Leser des Manuskripts sagten mir, daß ich zuviel von meiner Umwelt erwartet hätte. Da ich ja selbst nicht gezeigt habe, wie schlimm es mir ging, hätte ich von meinen Freunden nicht erwarten können, daß sie so intensiv auf mich eingehen. Sie hätten nicht gewußt, was Vergewaltigung für eine Frau bedeutet.

Heute weiß ich, daß ich viele meiner Freunde und Bekannten damals überfordert habe. Ich habe überlegt, einige Kapitel aus dem bisher Geschriebenen zu streichen, anderes zur Erklärung hinzuzufügen. Aber ich weiß, daß ich damit meine damalige wirkliche Situation verleugnen, zumindest verfälscht darstellen würde.

Da es mir so schlecht ging, mußte ich mich egoistisch verhalten, fordern, anklagen und auch Freunde anfeinden.

In Gesprächen mit Frauen, die auch vergewaltigt wurden, habe ich gesehen, was es bedeutet, wenn «frau» die Folgen ihrer Vergewaltigung verdrängt und bei sich selbst die Schuld sucht. Diese Frauen werden das Trauma nicht mehr los. Psychosomatische Folgen (Magen-, Lungen- oder Nierenerkrankungen) stellen sich ein. Alpträume, sexuelle Probleme und Verfolgungsängste lassen sich nur schlecht verdrängen.

Wenn «frau» die ihr zugefügte Gewalt nicht verarbeitet, richtet sie die Gewalt gegen sich selbst.

Durch mein damaliges aggressives, oft egoistisches Verhalten ist zumindest in meinem Bekanntenkreis das Tabu durchbrochen worden, über Vergewaltigung offen zu sprechen. Es war wichtig, die krassen Erlebnisse auch dementsprechend ausdrucksstark darzustellen. Ich habe viele Freunde (Frauen wie Männer) durch mein Verhalten verletzt. Es ist gut, daß sich die meisten nicht enttäuscht von mir abgewandt haben. Ich weiß jetzt, daß viele Menschen nicht in der Lage waren, auf meine Probleme einzugehen, denn sie konnten deren Umfang nicht erkennen.

Mit einigen versuche ich jetzt langsam aufzuarbeiten, was damals abgelaufen ist. So möchte ich das auch mit Hans versuchen, denn es ist kein erfreuliches Gefühl, daß ich ihn einmal so gehaßt habe.

Selbstverteidigung für Frauen

Im Januar 1980 beginne ich zusammen mit den Frauen unserer Wohngemeinschaft einen Kursus «Selbstverteidigung für Frauen». Der Trainer ist ein Mann, was uns zunächst schockt. Anscheinend war in Bielefeld keine Trainerin zu finden. Er zeigt aber ein gutes Einfühlungsvermögen und legt nicht soviel Wert auf stumpfsinniges Krafttraining. Für ihn sind Reaktionsschnelligkeit, Geschmeidigkeit und kluges Abwehrhandeln maßgeblich. Dabei ist es für uns wichtig, unseren eigenen «Schwerpunkt» zu finden. Das bedeutet: Je mehr ich mich in meinem Körper fühle, meinen Körper kenne und ihm vertraue, desto stärker kann ich meine Handlungen aufeinander abstellen.

In den ersten Wochen des Trainings spüre ich Angst vor der Person des Trainers. Ich fürchte mich vor seiner körperlichen Überlegenheit. Langsam lerne ich dann, durch zunehmendes Vertrauen auf meine eigene Stärke, die Angst abzubauen.

Der Trainer versucht uns zu vermitteln, daß wir gezielt angreifen, die wundesten Punkte des Gegners kennenlernen und ihn notfalls auch verletzen müssen, falls wir nicht selbst schwer verletzt werden wollen. Es wird uns auch klar, daß wir gegen Waffen, wie Messer, Pistole, kaum eine Chance der Abwehr haben.

An den ersten Trainingsabenden sehe ich während der Übungen Szenen meiner Vergewaltigung. Ich kann mich nur schlecht auf das Training konzentrieren. Die bedrängende Frage ist, ob ich die Vergewaltigung hätte verhindern können.

Mittlerweile weiß ich, daß ich damals richtig gehandelt habe. Ich rechnete mit dieser Brutalität und hatte einen starken Schock. Und ich hatte es eben nicht gelernt, daß «frau» notfalls den Mann schwer verletzen muß, um sich selbst zu schützen. Gerade durch das Selbstverteidigungstraining wird mir klar, wie hilflos wir Frauen, durch Erziehung und gesellschaftspolitische Einflüsse, sind und wie wichtig ein Umdenken ist. Wir müssen unser Leben aufwerten und es bewußt schützen lernen.

Es macht auch Spaß, daß Angriff und Verteidigung wenig mit Kraftprotzerei zu tun haben, sondern vielmehr etwas mit innerer Ausgewogenheit und gleitenden Bewegungsrhythmen.

V. Der Prozeß

Die erste Verhandlung

In den letzten Wochen vor Prozeßbeginn ging es mir gut. Nur selten dachte ich noch an die Vergewaltigung. Ich konnte gut schlafen und war körperlich fit.

Was bleibt, ist das Mißtrauen gegen alle Räume, die mich einengen und in denen ich allein bin. Selbst in meiner Wohnung fühle ich mich nicht immer sicher, wenn meine Mitbewohnerinnen außerhalb sind.

Wenn ich spüre, daß ein Mann mich gern mag, bin ich vorsichtiger, da ich Angst habe, von ihm in Besitz genommen zu werden.

Wenn ich irgendwelche Formen von unmenschlicher Gewalt erlebe, wird mir oft übel, und ich habe das Gefühl, mich übergeben zu müssen. Ich glaube, daß ich durch den Kampf um meine Rechte als Frau eine eigene Stärke entwickelt habe, die sich nicht so schnell zerstören läßt.

Zehn Tage vor dem Prozeß erhielt ich die Benachrichtigung vom Amtsgericht. Der Termin lag sehr ungünstig, da gerade sehr viel Arbeit in der Altenhilfe anfiel. Schon der Stress, viele Termine umsetzen zu müssen, hat mich genervt. Andererseits war ich froh, die «Geschichte» endlich hinter mich bringen zu können.

Ich informierte einige Freunde und Bekannte, weil ich nicht allein in den Gerichtssaal wollte. Auch Notrufgruppen für vergewaltigte Frauen raten den Betroffenen, nicht allein zu Prozessen zu gehen. Wenn Zuschauer anwesend sind, kann «frau» davon ausgehen, daß sie nicht so beschämenden Fragen ausgesetzt ist und der Richter sich bemüht, den Prozeß richtig zu führen. Aus anderen Prozessen hatte ich gehört, daß die vergewaltigten Frauen im Zeugenstand fast wie Angeklagte angesehen wurden. Dann kamen Fragen, wie: «Trugen Sie aufreizende Kleidung», oder: «Hatten Sie einen BH an», oder: «Warum haben Sie sich nicht stärker gewehrt!» Da in meinem Fall der Angeklagte die Tat schon gestanden hatte, befürchtete ich nicht allzu schlimme Fragen.

Trotzdem war es auch für mich wichtig, Publikum und Freundinnen bei mir zu wissen. Außerdem war es ja schließlich nicht mein individuelles Problem. Im Frauenbuchladen fand eine Vorbesprechung statt. Wir beließen es dabei, möglichst viele Frauen zum Prozeß zu mobilisieren. Alles weitere sollte vom Prozeßverlauf abhängig gemacht werden.

Wir gingen davon aus, daß der Prozeß öffentlich verhandelt würde, da der Angeklagte (Günther) zum Tatzeitpunkt zwanzigeinhalb Jahre alt war, damit ist er als junger Erwachsener einzustufen. Nur bei reinen Jugendprozessen wird die Öffentlichkeit (zum Schutze des Angeklagten) meistens ausgeschlossen.

Aber schon im ersten Gespräch mit meiner Rechtsanwältin zeichneten sich Unklarheiten für den Prozeßablauf ab. Der Richter wollte meine Nebenklage nicht zulassen mit der Begründung, daß das kein Zivilprozeß sei. Erst nachdem meine Anwältin dem Richter klarmachte, daß es hier ja u. a. um Körperverletzung und Nötigung ginge, gab er nach.

Ich weiß nicht, ob der Richter mich eventuell kannte (durch die Öffentlichkeitsarbeit unseres Vereins gegen Mißstände in Alten- und Pflegeheimen war mein Name mehrfach in der Presse aufgetaucht) und mich «aufrührerische» Person aus dem Gerichtssaal heraushalten wollte. Vielleicht war es auch das Vorurteil gegen die «Grünen» oder die «Bunten», denn die Vergewaltigung war ja im «Umweltzentrum» passiert. Jedenfalls war die Behinderung der Nebenklage für mich ein Zeichen für die Frauenfeindlichkeit des Richters. Er wollte mir nicht die Chance bieten, mich mit Gerichtsinstanz und Täter persönlich auseinanderzusetzen.

Am Donnerstag, dem 16. 10. 1980, sollte die Verhandlung sein. Ab Montag ging es mir zunehmend mieser. Am Dienstag konnte ich kaum noch etwas essen, da mir ständig übel war. Ich schlief kaum; in meinen Träumen erlebte ich die verschiedensten Variationen des Prozeßablaufs – Gewissenskonflikte quälten mich wieder. Am Mittwoch war auch noch mein Geburtstag. Meine Freundinnen waren so einfühlsam, mir nicht auch noch eine Geburtstagsfeier zu bieten. Nur ein Kuchen stand morgens auf dem Tisch. Ein Zeichen, daß sie an mich dachten und meine Situation respektierten. Mittags trat ein Tiefpunkt ein. Bei einem Stadtbummel überkam mich das Gefühl des Ausgeliefertseins; machtlos einem sinnlosen Schauspiel ausgeliefert zu sein. Die Häuser bedrohten mich mit ihrer trostlosen Fassade. Ich lief nach Hause und war glücklich, daß Gabi da war, die mich umarmte. Ich heulte drauflos und sagte Gabi, daß ich Angst hätte, den Prozeß nicht durchzustehen. Sie besorgte mir Beruhigungstabletten. Die Angst wurde unter einer kleinen Watteschicht begraben.

Mit Gabi fuhr ich zu Sibylle, um über den Prozeß zu sprechen. Erst jetzt erfuhr ich, daß zum Prozeß keine Zeugen geladen waren. Auch ich sollte nicht aussagen. Dieses ist sehr ungewöhnlich, denn schließlich kann der Angeklagte ja sein Geständnis zurückziehen oder ich hätte meine Aussage widerrufen können. Anscheinend wollte der Richter den Prozeß schnell und heimlich abwickeln.

Sibylle wurde mir durch das Gespräch immer vertrauter. Sie versuchte mich zu unterstützen und mir meine Angst zu nehmen. Immerhin war sie im achten Monat schwanger, und meine Erlebnisse gingen auch an ihr nicht spurlos vorüber. Bei der Vorbereitung des Plädoyers bemühte sie sich, die Situation der Frauen allgemein aufzuzeigen. Nur wem die Bedingungen deutlich werden, in denen wir Frauen leben und ständig von Gewalt bedroht sind, kann veranschaulicht werden, wie wichtig es ist, solch einen Prozeß öffentlich zu führen.

Am nächsten Morgen war um neun Uhr die Verhandlung. Am Abend zuvor waren Inge und Eugenie aus Kiel angereist. Trotz Studienterminen hatten sie sich auf die lange Fahrt gemacht. Unsere Gemeinsamkeit war ihnen wichtiger als das Studium. Da sie mir so vertraut sind, war es sehr tröstlich, daß sie kamen. Auch für sie war der Prozeß wichtig, denn schon morgen können auch sie betroffen sein.

Wir gingen am Prozeßtag gemeinsam zum Gerichtsgebäude. Ich ging nicht allein! Mit mir kamen viele Opfer, Mißbrauchte und Erniedrigte. Im Gerichtsgebäude waren schon viele Freundinnen und Bekannte. Als ich die große Anzahl der Zuschauer sah, war ich schon viel weniger ängstlich. Wir alle klagen an. Nicht diesen einen Täter, sondern eben symbolisch die gesamte Männergewalt.

Dann kam das Debakel! Nichtöffentliche Sitzung stand an der Tür des Prozeßraumes. Alle Beteiligten (Richter, zwei Schöffen, Gerichtsschreiber, Angeklagter und sein Verteidiger sowie die Staatsanwältin und ein Gerichtsbeamter) waren bereits im Gerichtssaal. Der Richter hatte ohne uns die Verhandlung begonnen, obwohl es erst 9 Uhr 05 war.

Sibylle ging in den Gerichtssaal, um zu klären, ob der Prozeß noch öffentlich verhandelt werden konnte.

Nach einigen Minuten folgte ich ihr. Ich empfand den Richter als kalte Macht, weit abgehoben von den Beteiligten und ihren Wünschen und Ängsten. Sibylle versuchte wiederholt, einen Antrag auf Wiederherstellung der Öffentlichkeit durchzubringen. Der Richter aber verschanzte sich hinter Paragraphen.

Während der Verhandlung ging ich zweimal hinaus zu meinen Freunden, um ihnen über den Gerichtsverlauf zu berichten. Ich hatte die Befürchtung, daß sie fortgehen würden, aber sie warteten geduldig und berieten, wie sie uns helfen konnten. Im Gerichtssaal setzte der Richter das Verfahren weiter fort. Der Angeklagte wurde zur Tat befragt, und das psychiatrische Gutachten wurde auszugsweise verlesen.

Draußen begannen die Zuschauer zu singen. Deutlich drangen ihre Lieder («Wehrt euch gegen solche Richter hier im Land» und Lieder gegen Vergewaltigung) in den Gerichtsraum. So spürte ich körperlich die Anwesenheit der Zuschauer und meine Angst war nicht mehr so groß.

Ganz im Gegensatz zum Richter: Der wurde immer nervöser und fahriger. Da wies die Staatsanwältin das Gericht darauf hin, daß laut psychiatrischem Gutachten der Angeklagte als Erwachsener anzusehen sei. Außerdem sei mit einer höheren Strafe zu rechnen, es müsse also überlegt werden, ob das Verfahren nicht an eine andere Gerichtsinstanz abzugeben sei.

Der Richter schien fast froh über diesen Antrag zu sein. Nach einigen Beratungsminuten wurde dem Antrag der Staatsanwältin stattgegeben.

Natürlich ging es mir nicht darum, daß der Angeklagte eine möglichst hohe Strafe bekam, aber ich war doch froh, daß der Prozeß abgebrochen wurde. Es kann nicht ausreichen, daß der Angeklagte vom Richter als «armer Kerl» dargestellt wird und dann doch verknackt wird. Der Öffentlichkeit muß bewußt gemacht werden, warum solche Prozesse laufen und was so eine Tat bedeutet. Ich war empört über diesen Richter, der nicht gewillt war, sich mit mir als einer vergewaltigten Frau auseinanderzusetzen. Der Täter hatte eben etwas verbrochen, was gegen das deutsche Gesetz verstößt und zudem eine «Schweinssache» ist, eben ein Sittendelikt. Aber der Richter behandelt die Tat eher wie einen Banküberfall. Er ist auch ein Mann und will sich nicht mit der Situation der betroffenen Frau aufhalten.

Es ist mir nicht klar, ob das Verhalten des Richters nur auf seine Frauenfeindlichkeit oder Abneigung gegen alle «Grünen» zurückzuführen ist oder ob es auch ein Stück Verdrängung und Dummheit ist. Jedenfalls wollte er vor dem Prozeß ja schon nicht wahrhaben, daß ich als Betroffene auch ein Interesse hatte, an der Rechtsfindung teilzuhaben. Ich konnte ja Fragen stellen, die dann eventuell peinlich gewesen wären für unseren «Sozialstaat».

Die Wut der Frauen

Nach dem Prozeß trafen wir uns mit ca. vierzig Frauen und einigen Männern in der katholischen Hochschulgemeinde, die in der Nähe des Gerichtsgebäudes liegt. Ich fühlte eine starke Verbundenheit mit diesen Bekannten und Freunden. Sie berichteten, was während des Prozesses unter den «Ausgeschlossenen» abgelaufen ist.

Zunächst seien sie alle sehr verwirrt gewesen. Sie überlegten, den Gerichtsraum zu «stürmen». Da sie aber befürchteten, daß sich das nachteilig auf mich und meine Anwältin hätte auswirken können, unterließen sie das. Doris und Ulla informierten die Zuschauer über meine Situation und meine Rechte als Nebenklägerin. Das war wichtig, da viele noch nicht über die Art dieser Verfahren informiert waren.

Währenddessen entstanden mit umstehenden Bürgern Gespräche. Einige waren interessiert, andere empfanden den «Auflauf» als störend und wollten sie aus dem Gerichtsgebäude verweisen. Aber weder die Gerichtsbeamten noch andere Gerichtsbesucher wagten sich an diese «Meute» heran. Sie wirkten zu stark in ihrem selbstbewußten Auftreten. Und eigentlich gab es ja keinen richtigen Grund zum Rausschmiß dieser Zuschauer. Die Gerichtsbeamten stellten sich breit vor den Zugang zum Gerichtsraum und wollten damit wohl dokumentieren, daß sie kraftvoll jeden Zugang verhindern würden.

Eine aufgeschreckte Journalistin lief ebenfalls herum. Sie hatte zweimal vergeblich versucht, in den Gerichtsraum zu gelangen und wunderte sich: «Der Richter ist doch sonst nicht so, warum ist der denn heute so böse!?»

Die Zuschauer wollten mit der Zeitungsfrau über den Prozeß diskutieren. Aber sie schien überhaupt nicht zu verstehen, warum so viele Zuschauer anwesend waren und warum sie sich so «aufrührerisch» verhielten. Mit mir als Betroffene wollte sie nicht reden. Anscheinend meint sie, daß ihr so etwas nicht passieren kann. Sie lehnte auch später die Berichterstattung ab mit der Begründung, sie sei ja eigentlich wegen eines wichtigen Mordfalles gekommen.

Bei der Aufarbeitung der Verhandlung kam viel Wut über das Verhalten des Richters auf. Wir beschlossen, noch am selben

Abend einen Fackelzug zu seinem Haus zu machen. So sollten die verschiedensten Formen von Gewalt an Frauen dokumentiert werden, eben auch die richterliche Gewalt.

Bei der Diskussion, wer sich an der Demonstration beteiligen sollte, kamen von einzelnen Frauen männerfeindliche Sprüche. Sie beachteten nicht, daß sich gerade die anwesenden Männer mit dem Prozeß auseinandergesetzt hatten und sich mit uns solidarisieren wollten. Andererseits war das Verhalten der Frauen auch zu verstehen: Wenn sich die Männer wirklich selbst betroffen fühlen, warum überlegen sie dann nicht, wie sie uns in eigenen Aktionen unterstützen können. Sie könnten doch eine Männerbewegung gegen Vergewaltiger gründen. Aber anscheinend trauten sie sich nicht. Die Frauen sind auf sich verwiesen, weil alle wichtigen Institutionen von Männern regiert werden. Bei den Kirchen wird zwar von einer Welt der Nächstenliebe gepredigt, daß niemand einen anderen verletzen darf aus egoistischen Motiven. Aber bei Männergewalt gegen Frauen scheint eine Ausnahmeregelung zu gelten. Warum gründen humanistische Organisationen und Kirchen nicht Notrufgruppen für vergewaltigte Frauen? Warum stört es die frommen Männer nicht, daß Frauen und Kinder so brutal behandelt werden? Haben die Männer Angst offenzulegen, wieviel Gewalt von Vertretern ihres Geschlechts ausgeübt wird und welche gesellschaftlichen Bedingungen Vergewaltiger erzeugen? Jedenfalls beschloß unsere Gruppe, daß an dieser Aktion keine Männer teilnehmen sollten.

Am Nachmittag des Prozeßtages trafen sich einige Frauen, um Plakate für den Fackelzug zu malen. Viele Frauen fühlten sich selbst stark betroffen. Unter den Beteiligten des Fackelzuges befanden sich mindestens zehn Frauen, von denen ich selbst weiß, daß sie vergewaltigt worden sind.

Jetzt konnten sie ihre Betroffenheit und Wut herauslassen. Die meisten von ihnen waren im Urlaub vergewaltigt worden. Bei keiner war es zum Prozeß gekommen. Sie werden nie die Möglichkeit haben, sich mit ihrem Täter offensiv auseinanderzusetzen. Sie müssen für sich selbst versuchen, damit fertig zu werden; aber die Öffentlichkeit wird nicht erfahren, daß auch sie zerstört worden sind, daß ihre Gefühle, ihre Stärke gelitten haben oder gar zertreten wurden, daß sie um ihr Leben kämpfen mußten.

Der verdeckte Krieg von Mann gegen Frau, der täglich stattfindet, kann nur bewußt gemacht werden, wenn wir Frauen auf die Straße gehen und herausschreien, was uns bedroht.

Manche Frauen haben erst an diesem Tag von ihren eigenen Gewalterfahrungen zu sprechen begonnen, als sie sie in Gegenwehr umsetzen konnten.

Marie wurde vor zwei Jahren in Mönchengladbach vergewaltigt. Als sie Anzeige bei der dortigen Polizei erstattete, wurde ihr als erstes ihre Jugendamtsakte vorgehalten. Marie mußte im Erziehungsheim aufwachsen, dort ist sie öfter abgehauen. Das alles wurde notiert und ihr jetzt vorgehalten: «So eine braucht sich ja nicht zu wundern, wenn sie vergewaltigt wird!»

Und Ilse: Wurde vor zwei Jahren beim Trampen vergewaltigt – jetzt malt sie Plakate gegen Gewalt an Frauen. Diese Plakate wurden während des Demonstrationszuges an Pornokinos und -läden geklebt, um zu verdeutlichen, wo auch Gewalt an Frauen gezeigt wird. Der Vergewaltiger von Ilse hatte ihr damals höhnisch ins Gesicht gesagt: «Deswegen steht ihr doch an der Straße. Ihr wollt das doch so!»

Und Bärbel: Sie war in Paris vergewaltigt worden. Jetzt malt sie Plakate mit Sprüchen, wie: «Männer, macht's euch selber, wir haben keine Lust mehr.» In einer Karikatur zog sie den Vergleich zwischen Männerschwänzen, Raketen und Atomkraftwerken.

Und Ute: Sie ist im Frühjahr 1980 in Griechenland vergewaltigt worden und meinte zunächst, die Hauptschuld bei sich selbst suchen zu müssen. Sie gründete mit viel Engagement unsere Solidaritätsgruppe.

Am Abend zogen dann fünfzig Frauen zum Haus des Richters. An den Gartenzaun und die Hauswand wurden Plakate geklebt. Von der Haustür prangte bald der «Orden» für besondere Frauenfeindlichkeit. Mit einer Fackel malte eine Frau das Frauenzeichen an die Hauswand. Die Richterfamilie kam nicht zum Vorschein. Dafür aber ein aufgebrachter Nachbar; zwei junge Männer fuchtelten mit Pistolen herum. Eine der Demonstrantinnen verständigte die Polizei deswegen. Später hörten wir, daß sie eine Anzeige wegen unerlaubten Waffenbesitzes erhalten hätten. Sobald die Demonstrantinnen vom Haus abgezogen waren, stürzte sich der treusorgende Nachbar auf die Plakate, um diese Schande zu entfernen. Die Frauen unserer Wohngemeinschaft erzählten später sehr begeistert von dieser

Protestaktion. Ihre Wut konnte direkt «an den Mann» gebracht werden.

Ich hatte nach dem Prozeß noch wochenlang Magenschmerzen und Übelkeit. Da der Magen jede normale Kost verweigerte, nahm ich sieben Kilogramm ab.

Das Erlebnis der Gemeinsamkeit und des vielfachen Protestes half mir aber, die psychischen Folgen des Prozesses zu verarbeiten. Ich war oft überreizt. Meine Mitbewohnerinnen und die Mitarbeiter der Altenhilfe bekamen eine große Portion an fast willkürlichen Aggressionsausbrüchen mit. Aber sie trugen es mit Gelassenheit, und bald fand ich meine innere Ausgeglichenheit wieder.

Die zweite Verhandlung

Kurz vor Weihnachten erhielt ich die Benachrichtigung, daß der zweite Prozeß am 8. Januar 1981 vor dem Landgericht stattfinden sollte. Zehn Tage vor Prozeßbeginn wurde ich durch ein Einschreiben als Zeugin und Nebenklägerin geladen. Sibylle hatte den Richter angerufen, um zu erfahren, ob der Prozeß öffentlich war. «Selbstverständlich ist der Prozeß öffentlich», antwortete der Richter.

Wir informierten nur wenige Frauen über den Prozeßtermin. Ich hatte wesentlich weniger Angst vor diesem Prozeß. Ich verspürte lediglich etwas Übelkeit und Magenschmerzen, aber ich konnte ohne Beruhigungstabletten leben.

Am Morgen des Prozeßtages machten wir einen Spaziergang zum Gerichtsgebäude. Unterwegs trafen wir Freundinnen. Alle waren in gelöster Stimmung. Wir wußten diesmal genauer, was uns erwartete. Der Richter war uns als strenger, aber korrekter Mann bekannt.

Etwa vierzig Frauen und einige Männer kamen als Zuschauer. Außer mir waren noch ein Psychiater und eine Sozialarbeiterin als Sachverständige geladen. Der Prozeß begann um 8 Uhr 30. Etwa zehn Frauen, die später kamen, durften nicht mehr in den Gerichtssaal, da der Zuschauerraum übersetzt war. Das Gericht bestand aus drei Richtern und zwei Schöffen. Der eine Schöffe war der Leiter der Bielefelder Arbeitsgemeinschaft der Wohlfahrtsverbände. Ich kannte ihn schon von etlichen Auseinandersetzungen über unsere Altenarbeit. Jetzt war es für mich eine peinliche Situation. Aber soviel mir bekannt ist, konnte der Mann die Teilnahme als Schöffe nicht ablehnen.

Da Sibylle vier Tage vor dem Prozeß einen Sohn geboren hatte, konnte sie mich nicht vertreten. So übernahm ihr Mann Thomas meine Nebenklägerschaft. Ich hatte nichts gegen seine Person, obwohl es mir lieber gewesen wäre, wenn mich eine Frau vertreten hätte.

Der Richter bemühte sich um einen ruhigen und ordentlichen Prozeßablauf. Zunächst wurde die Anklageschrift verlesen. Um zu verdeutlichen, in welcher Form solche Prozesse ablaufen, hier einige Auszüge aus der Anklageschrift:

«Dem Angeklagten wird zur Last gelegt, am 4. September 1978 durch zwei selbständige Handlungen
1. eine fremde Frau mit Gewalt zum außerehelichen Beischlaf genötigt zu haben,
2. fremde bewegliche Sachen mit anderen in der Absicht weggenommen zu haben, dieselben sich rechtswidrig zuzueignen.

Dem Angeklagten wird folgendes zur Last gelegt: Zur Tatzeit übte er im Umweltzentrum in Bielefeld den außerehelichen Geschlechtsverkehr mit der Zeugin Brechmann aus, nachdem er diese zuvor gewaltsam gezwungen hatte, die Ausübung des Geschlechtsverkehrs zu dulden. Obwohl die Zeugin Brechmann sich heftig wehrte, ließ der Angeschuldigte erst von ihr ab, nachdem es zum Samenerguß gekommen war. Anschließend band er der Zeugin mehrere Male ein Kabel um die Füße und entfernte sich. Zuvor entwendete er aus einem Portemonnaie der Zeugin einen Geldbetrag von ca. 30 DM.»

Mit diesen juristischen Wortkombinationen werden Vergewaltigungsprozesse verhandelt! Unser Bürokratendeutsch packt alles in entsprechende Formeln, in denen ich mein persönliches Leiden nicht wiederfinden kann.

Nach Verlesung dieses hoheitlichen Papiers und Feststellung der persönlichen Daten – Name, Anschrift etc. – forderte der Richter den Angeklagten auf, den Tathergang zu schildern. Günther aber saß da mit blassem Gesicht und verschlossenem Mund. So zitierte der Richter aus den Aussagen des Täters und meinem Protokoll einzelne Phasen der Tat und fragte den Angeklagten jeweils, ob das so gewesen sei. Dieser antwortete dann wortkarg: «Ja», oder: «Es kann so gewesen sein», oder: «Ich weiß es nicht mehr.»

Wahrscheinlich kann sich der Vergewaltiger auch weniger an den genauen Ablauf der Tat erinnern (zwei Jahre und vier Monate danach!). Er versucht die Tat zu verdrängen, während ich versuche, mich bewußt damit auseinanderzusetzen. Ich habe auch heute noch einzelne Szenen sehr deutlich vor Augen.

In einem Gespräch (einige Monate vor diesem Prozeß) hatte mir der Rechtsanwalt von Günther erzählt, daß er den Eindruck habe, Günther setze sich nicht mit der Tat auseinander. Man könnte sich wohl über vieles, z. B. seine Arbeit, mit ihm unterhalten; zur Tat selber wolle er jedoch nichts sagen. Der Rechtsanwalt glaubte, daß Günther die Tat von seinem sonstigen Leben abspalte.

Diesen Eindruck vermittelte Günther auch im Gerichtsprozeß. Er war geständig, aber er äußerte sich nicht über sein Verhalten. So lief der Prozeß sehr zähflüssig. Auf die Frage nach seiner Familiensituation wurde bekannt, daß Günther weder Kontakt zu seiner Familie noch Freunde hat. Er lebt als Einzelgänger.

Nach der Befragung des Angeklagten wurde ich als Zeugin aufgerufen. Ich brauchte jedoch nur wenige Fragen zum Tathergang beantworten. Keine frauenfeindlichen, intimen Fragen wurden gestellt. Ich versuchte zu verdeutlichen, wie ich den Täter erfahren hatte: daß ich sein Verhalten zielgerichtet mit geplanter Brutalität erlebte. Ich hatte nicht den Eindruck, daß Günther zum Zeitpunkt der Tat betrunken oder «geistesgestört» war.

Mir war es sehr wichtig, den Tathergang aus meiner Perspektive zu schildern. So wurde meine Situation klarer. Ohne diese Aussage wäre wohl noch stärker das Bild des verstörten «armen» Täters gefestigt worden, der eben nur seinen Trieb abladen wollte. Nach mir sagte eine Sozialarbeiterin aus, die Günther während der Knastzeit und auch danach im Rahmen des psychologischen Beratungsdienstes betreut hatte. Nach ihrer Aussage war bei Günther «eine Sicherung durchgebrannt», als er mich gesehen habe. Als ich diesen Spruch hörte, wurde ich wütend: Sie vermittelte genau das gefährliche Bild des «armen» Triebtäters, der sozialgeschädigt ist und eben deshalb sozusagen versehentlich «ausklinkt».

Als letzter wurde der Psychiater angehört. Er zitierte aus seinem Gutachten: «Als Kind mißhandelt, Hirnschäden zurückbehalten, Sonderschule, Entwicklungsverzögerungen...» Ich bekam Magenkrämpfe. Thomas merkte wohl, daß es mir schlecht ging, und ich war froh, daß er sich danach erkundigte. Jetzt trat ein, was ich befürchtet hatte. Mein Gewissen plagte mich; meine Anklage war schließlich daran schuld, daß der arme, geschädigte Mensch wieder vor Gericht stand. Dieser Angeklagte, der da ruhig und mit ausdruckslosem Gesicht saß, den brachte ich jetzt wieder in den Knast. Dabei hatte er doch schon so viel Schlimmes erlebt.

Der Richter hatte auch zwischendurch erwähnt, daß Günther mit siebzehn Jahren versucht hatte, ein fünfzehnjähriges Mädchen zu vergewaltigen. Da dieses Mädchen ein kleines Kind bei sich hatte, das laut schrie, ließ er von seinem Vorhaben ab. Am selben Tag vergewaltigte er dann noch mit vorgehaltenem Messer ein elfjähriges Mädchen.

Ich hielt es im Gerichtssaal nicht mehr aus. Ich bat eine Frau aus der Frauengruppe, mit mir hinauszugehen. Bei einer Zigarette diskutierten wir den Prozeßverlauf. Mir wurde diese Zwickmühle bewußt, die meine Bauchschmerzen schon früh angezeigt hatten. Für mich war es richtig, den Täter in den Knast zu bringen. Der Knast aber konnte das Verhalten des Täters noch verschlimmern! Knast ist unmenschlich. Eine gute Sozialtherapie gibt es nicht. Der Täter muß büßen. Deshalb ein paar Jahre Knast. Damit hat der Staat seine Pflicht erfüllt. Daß die gesellschaftliche Situation Vergewaltigungen verursacht wird verschwiegen. Was weiter geschieht? Wen interessiert das überhaupt?

Mit diesem Gedankenchaos gingen wir wieder in den Gerichtssaal. Darin lief gerade eine Debatte zwischen dem Verteidiger und dem Psychiater über die «Normalität» von Günther ab. Muß er nach einer solchen Erziehung nicht krank sein? Kann jeder, der vergewaltigt und so eine Jugend hat, als krank bezeichnet werden? Der Psychiater meinte, daß Günther zwar eine verzögerte Entwicklung zugestanden werden könnte, daß er aber die Tat voll verantworten konnte.

Das Gericht beschloß, Günther sei als «normal» anzusehen.

Nach zweistündiger Verhandlung folgten die Plädoyers. Der Staatsanwalt forderte eine Strafe von drei Jahren und sechs Monaten Gefängnis. Mein Anwalt beschrieb noch einmal meine Situation als vergewaltigte Frau. Dementsprechend müsse der Täter bestraft werden.

Ich hatte mir vor dem Prozeß vorgenommen, etwas über die gesellschaftliche Situation der Frau, die Ursachen von Gewalt und die Folgen von Gewaltverbrechen zu sagen. Jetzt konnte ich aber kaum einen vernünftigen Gedanken fassen. Ich stellte nur die Frage: «Was ist, wenn der Täter aus dem Gefängnis entlassen wird?»

Darauf gab es natürlich keine Antwort. Nur ein Schulterzukken. Der Anwalt von Günther versuchte zu verdeutlichen, was

Knast bedeutet und wie unzulänglich solche Gerichtsverfahren sind. Hier ginge es ja nur um die reine Bestrafung. Eine Hilfe für den Angeklagten gibt es nicht. Er forderte ein Jahr Gefängnis.

Nach knapp einstündiger Beratung fällte das Gericht das Urteil: drei Jahre Gefängnis. Hinterher hatte ich keine intensive Erinnerung an den Prozeß. Es geschah nichts, was mich sehr verletzte, und ich wollte möglichst schnell hindurch, um einen Schlußpunkt setzen zu können. Die Reaktionen von Freunden bestätigten meine Befürchtungen. So sagte ein Freund aus der katholischen Hochschulgemeinde: «Wenn ich dich nicht schon so lange kennen würde, hätte ich ja gedacht, was macht die böse Theresia da mit dem armen Jungen!», und eine Frau aus der Wohngemeinschaft meinte: «Ich überlege mir jetzt doch wieder, ob ich überhaupt anzeigen soll, wenn ich mal vergewaltigt werde.» Andere sagten: «Wenn du den dort sitzen siehst, glaubste gar nicht, daß der eine Frau vergewaltigt hat – und die anderen Sachen auch noch, mit den Kindern.»

Ulla erzählte mir: «Einen kurzen Augenblick hatte ich Mitleid mit dem Angeklagten, aber dann habe ich mir überlegt, daß der auch ganz gut weiß, daß sein Auftreten eine entsprechende bemitleidenswerte Wirkung hat.»

An diesen Reaktionen wird deutlich, daß die Realität zu widersprüchlich ist, als daß allen Gerechtigkeit widerfahren kann.

Wer sowohl das Opfer als auch den Täter bemitleidet, verkennt, daß angesichts der gesellschaftlichen Wirklichkeit, die eine Vergewaltigung zuläßt, eine Entscheidung notwendig wird, und zwar zugunsten der betroffenen Frau. Wer Position für Täter und Opfer beziehen will, wird unglaubwürdig angesichts der Diskriminierung, die «frau» täglich erfährt, z. B. in den Medien und im Berufsalltag. Eine Gerechtigkeit für alle gibt es nicht. Der Täter hat die Wahl und den Willen zu vergewaltigen. Die Frau ist immer im Nachteil. Deshalb müssen wir uns auf die Seite der Opfer stellen.

Die Notrufgruppe Bielefeld

Im Juni 1980 gründeten wir in Bielefeld die Solidaritätsgruppe für vergewaltigte Frauen. Wir sind inzwischen neun Mitglieder, von denen sechs selbst die Erfahrung der Vergewaltigung gemacht haben. Die Atmosphäre in dieser Gruppe ist durch das große gegenseitige Verständnis sehr angenehm.

Eine unserer ersten gemeinsamen Unternehmungen war, daß wir mit Marga zur Polizei gingen. Sie war vor einigen Wochen bei einem Spaziergang mittags im Wald vergewaltigt worden. Sie hatte sich erst später entschlossen, die Tat doch noch anzuzeigen, weil sie den Vergewaltiger nach der Tat noch öfter getroffen hatte und sich von ihm bedroht fühlte.

Wir waren froh, daß Marga sehr verständnisvoll von den Beamten der Polizei behandelt wurde. Es gab keine verletzenden Fragen. Eine Beamtin, die sehr nett war, meinte, die Frauenbewegung habe auch bei der Polizei einen Umdenkungsprozeß bewirkt. Für uns bedeutet dies Erlebnis eine Ermunterung, um mehr Frauen aufzufordern, daß sie Gewalt zur Anzeige bringen. Wir hoffen, daß die zuständigen Polizeibeamten nicht überfordert werden. Auch sie sind nur in der Lage, einfühlsam zu reagieren, wenn ihnen genügend Kolleginnen und Kollegen zur Verfügung stehen, wenn sie ausreichend Zeit für die Betroffenen und für die Ermittlungen haben.

Der Leiter der Bielefelder Polizei soll vor einigen Jahren bei einem Interview gesagt haben: «Vergewaltigungen? Die gibt's in Bielefeld nicht. Und wenn, dann sind es nur Frauen, die hinterher kommen, um ihren Freund anzuschwärzen.» Bei einer solchen Einstellung ist es kein Wunder, wenn so wenig für die betroffenen Frauen getan wurde. Inzwischen hat sich vieles geändert. Im Juli 1980 schrieb unser Polizeipräsident in der örtlichen Zeitung, daß die Bereitschaft der Bielefelder Frauen, Vergewaltigungen anzuzeigen, deutlich gestiegen sei, daß die Polizei auch 78% dieser Delikte aufgeklärt habe, und er ermunterte die Frauen, sich nicht einschüchtern zu lassen. In diesem Frühjahr waren viele Fälle von versuchter oder durchgeführter Vergewaltigung bekannt geworden. Die Artikel konnte man fast täglich in der Presse lesen und auch die empörten Leserbriefe, die mehr Schutz für die Frauen forderten.

Unsere Solidaritätsgruppe, die zu dieser Zeit entstand, war keine Notrufgruppe, weil es uns zunächst wichtiger war, an unseren eigenen Problemen zu arbeiten. Jede Frau hat ihren eigenen Weg, mit ihren Erlebnissen fertig zu werden. Wir können keine Patentrezepte anbieten und keine allgemeingültigen Formen der Verarbeitung. Bisher hatte auch keine andere Frau in der Gruppe – außer mir – die Möglichkeit, sich über einen Prozeß noch einmal mit der Tat und der Person des Vergewaltigers auseinanderzusetzen. So war es für die anderen Frauen zum Teil wesentlich schwerer, mit dem eigenen Leid fertig zu werden.

Erst wenn wir gelernt haben, die Folgen der Vergewaltigung zu überwinden, können wir verstärkt anderen Frauen helfen. Sonst würden sie uns überfordern. Unsere Gruppe war aber für Frauen offen, die Begleiterinnen für die Anzeige brauchten oder ihre Probleme besprechen wollten. Außerdem haben wir Gerichtsprozesse besucht und Öffentlichkeitsarbeit gemacht. Nach unserer langen Anlaufphase fühlen wir uns jetzt, ein Jahr später, stark genug, mit unserer Erfahrung auch anderen Frauen zu helfen. Ab Winter 1981 gibt es in Bielefeld eine Notrufgruppe für vergewaltigte Frauen. Nachfolgend unsere Ratschläge zur «Ersten Hilfe».

Die erste Reaktion nach einer Vergewaltigung ist fast bei jeder Frau der Drang, die Tat möglichst schnell zu vergessen. Dieser Verdrängungsmechanismus rächt sich aber zu häufig in körperlichen Auswirkungen. Vor allem dann, wenn Zeit zum Nachdenken ist (im Urlaub oder bei Krankheit). Auch kommen die Probleme oft hoch, wenn eine neue Beziehung eingegangen wird. Da ist die Angst vor zu schnellen sexuellen Kontakten oder auch, daß «frau» wieder in Abhängigkeit gerät. Bloß nicht an einen Partner binden, damit «frau» ihm nicht ständig ausgeliefert sein muß.

Es ist wichtig, daß die betroffene Frau versucht, die Tat bis in die letzte Kleinigkeit einer Vertrauensperson/Freundin zu erzählen. Es wäre gut, wenn die Zuhörerin selbst Erfahrung hat, aber es gibt auch viele Frauen, die durch ihr gutes Einfühlungsvermögen natürlich erkennen, wo die Probleme und Ängste liegen. Es dürfen vor allem nicht zuviel unnötige Fragen gestellt werden. Bei der genauen Schilderung der Tat wird diese zwangsläufig noch einmal erlebt. Das ist zunächst brutal, macht aber der

Betroffenen bewußt, was wirklich abgelaufen ist. Das Erlebte kann danach eher verarbeitet werden.

Ich meine, daß die zugefügte Brutalität umgesetzt werden muß in gezielte Abwehr gegen weitere Brutalität. Zunächst werden sich dann wahrscheinlich Haßgefühle, Aggressionen und Wut einstellen. Werden diese Gefühle dann aber akzeptiert, richtet die Frau nicht mehr alles gegen sich selbst, sondern nach außen.

Freunde von vergewaltigten Frauen sollten deshalb lernen, auch mit diesen zunächst irrational erscheinenden Äußerungen der Betroffenen umzugehen.

Die Folgen von Vergewaltigungen lassen sich nur langsam abbauen, aber wenn wir die betroffenen Frauen zu verstehen suchen, schaffen wir eine Basis, auf der sie sich selbst wieder positiv sehen können. Haßgefühle und Aggressionen werden abgebaut.

Ich hatte vor einigen Tagen ein Gespräch mit einem befreundeten älteren Ehepaar. Wir sprachen auch über Vergewaltigung. Diese beiden älteren Menschen verstanden meine Situation, ohne daß ich ihnen viel erklären mußte. Sie erzählten, daß sie in der Kriegszeit mit diesem Problem konfrontiert waren und sich hätten überlegen müssen, wie die Frau sich verhalten sollte bei einer solchen Bedrohung und welche Möglichkeiten es gab, damit umzugehen.

Für mich war dieses verständnisvolle Ehepaar sehr wohltuend. Überhaupt habe ich erfahren, wie wichtig es ist, mit älteren Frauen zu reden, da viele von ihnen genügend Erfahrungen haben, um uns gut verstehen zu können.

Warum es Männer angeht

Es ist ein großer Fehler, daß die Männer bei der Diskussion um Vergewaltigung bisher ausgeklammert wurden. Sogar Rücksicht wurde auf sie genommen! Sicher war es wichtig, daß zunächst einmal die Frauen sich zusammenschließen, aber die Männer müssen sich jetzt mit anschließen oder selbst etwas auf die Beine stellen.

Männer sind von der Bedrohung sexueller Vergewaltigung nicht sehr gefährdet. Allerdings ist es auch bei Männern nicht unmöglich. Die Analvergewaltigung im Knast durch Machttypen, die sich körperlich Schwächere wie kleine Mädchen halten und sie für ihre sexuellen Spiele benutzen, sind bekannt. Gerade sensible, etwas zartere Männer sind die Opfer dieser Verbrecher. Susan Brownmiller hat in ihrem Buch ‹Gegen unseren Willen› ausführlich darüber geschrieben. Ansonsten gibt es noch die Brutalität der Männerschlägereien.

Auf jeden Fall sind Frauen mehr gefährdet als Männer. Frauen sind eben meistens schwächer und ängstlicher, weil sie es nicht gelernt haben, sich zu wehren. Es fehlt ihnen sowohl das entsprechende Bewußtsein als auch die Kondition.

Ich finde es höchste Zeit, daß die Männer darüber nachdenken, warum Frauen vergewaltigt werden. Schleicht ihnen da vielleicht eine Angst über den Rücken, daß sie sich mit sich selbst auseinandersetzen müssen?

Das übliche Vorurteil, daß Vergewaltigung nicht möglich ist, wenn die Frau nicht will, ist doch gerade bei vielen Männern geläufig. Da bin ich dem Richard aus Berlin dankbar, der mir offen und ehrlich die Frage stellt: «Sag mal, wie ist das eigentlich? Ich kann mir gar nicht vorstellen, daß das überhaupt geht?» Richard war der erste Mann, der offen seine Zweifel aussprach. Und ihm konnte ich dann auch erklären, daß das Schlimme bei der Vergewaltigung die große Brutalität und Erniedrigung ist, die vorausgeht. Wenn es um Leben und Tod geht und wenn du dich überhaupt irgendwie retten willst, läßt du es irgendwann geschehen. Bei der Vergewaltigung wird eben dein Wille gebrochen. Und dann bist du so kaputt, daß du die Vergewaltigung, was den reinen «Geschlechtsakt» angeht, nur noch über dich ergehen läßt. Du bist nicht mehr in der Lage, dich zur Wehr zu setzen. Du denkst nur noch – Hauptsache, er bringt dich nicht um!

Ich glaube, daß der Richard etwas verstanden hat. Mir ist klar, daß ein Mann nicht voll nachvollziehen kann, was bei einer Vergewaltigung abläuft und warum das passiert, aber ich finde es eben wichtig, daß der Mann sich endlich mal ehrlich und emotional damit beschäftigt.

Schließlich muß er bedenken, daß auch täglich seine Frau, Freundin, Schwester, Mutter oder Bekannte gefährdet ist. Und wenn es dann wirklich passiert, muß der Mann in der Lage sein, diese Frau zu verstehen. Nur dann kann er ihr helfen.

Außerdem sollten auch die Männer schon in der Schule darüber informiert werden, denn sie sitzen später in wichtigen Positionen, die für vergewaltigte Frauen die Anlaufstelle sind. Z. B. Frauenarzt, Polizist, Richter, Behördenmänner. Gerade an diesen Stellen werden Frauen oft noch kaputter gemacht, weil sie auf Unverständnis und sogar Ablehnung stoßen.

Auch die Freunde sollten mal ein Buch lesen über Vergewaltigung, damit sie was kapieren, wenn sie mal im Freundeskreis das Tabu brechen und offen über Gewalt gegen Frauen sprechen, wird das Mystische an dieser Problematik genommen. Wenn ein Mann dann die *Bild-Zeitung* liest, wird er vielleicht mehr Abscheu vor diesen Artikeln bekommen, die so reißerisch oder spöttisch über Gewalt an Frauen schreiben.

Wenn auch die Männer beginnen, gegen diese Gewalt zu kämpfen, wird ein neues Bewußtsein geschaffen. Denn der Mann muß sich dann überlegen, weshalb er in der Schule, in der Ausbildung und bei der Bundeswehr zum Gewalttäter geformt wird. Nur wenn ihm das bewußt ist, wird er sich dagegen wehren und kann auch auf andere Männer einwirken. Bisher scheint dieser Prozeß nur bei einigen Schwulen abgelaufen zu sein. In anderen Bereichen ist er nicht spürbar. Ein typisches Beispiel für diesen Zustand sind unsere Universitäten. Hier wird häufiger eine Frau vergewaltigt, als die Studenten es wahrhaben wollen. Und da kommt wohl niemand auf die Idee, ein Transparent mit der Aufschrift: «Vorsicht Frauen! Gestern wurde in Raum X 47–H 26 eine Frau vergewaltigt. Der Täter konnte bisher nicht gefunden werden, also paßt alle auf. Um Hilfsmaßnahmen für die betroffene Frau zu organisieren, treffen wir uns heute um 14 Uhr in Raum H 43!»

Dann würden die Leute wohl aufmerksam werden! Vielleicht sollten sich gerade die Studenten und Dozenten mal den Kopf zerbrechen, wieso diese abartige Gewalt in ihren eigenen Räumen möglich ist und was sie dagegen unternehmen wollen. Aber sie tun sich schwer! Sie verteidigen viel eher den Vergewaltiger, weil das ein ach so armes Menschenwesen ist. Dabei sind 90% aller Vergewaltiger genauso normal oder anormal wie alle anderen auch!

Über die Veränderungen, die im Laufe der letzten Jahre in der gesellschaftlichen Haltung zu sexueller Gewalt erfolgten, und über ihre eigenen Erfahrungen berichtet Theresia Brechmann in dem Gespräch, das dieser Auflage als Vorwort vorangestellt ist.

Notrufgruppen

5100 Aachen
Frauen helfen Frauen e. V., Harscampstr. 5 b, Notruf
Tel. (02 14) 3 44 11 – Mi 17–22 Uhr, Beratung
Tel. (02 14) 3 59 17 Mo 9–12 Uhr, 15–18 Uhr, Di 17–20 Uhr

4422 Ahaus
Initiativkreis Gewalt gegen Frauen e. V., Windmühlentor 6, Beratung Mi 16–18 Uhr, Kontakt: Thea Schlüter, Schwatten Berg 19 a, 4438 Heek, Tel. (025 68) 15 66

5760 Arnsberg 2
Frauen helfen Frauen e. V., Postfach 5220

8900 Augsburg
Notruftelefon, Tel. (08 21) 15 46 48, Mi 20–23 Uhr, Anrufbeantworter

8600 Bamberg
Notruf, Untere Sandstr. 9, Tel. (09 51) 5 54 40 – Mi, Fr, So 19–22 Uhr

1000 Berlin
Notruf, Postfach 11 04 71, Tel. (0 30) 2 51 28 28 – Di, Do 16–20 Uhr, So 12–14 Uhr, sonst Anrufbeantworter

7950 Biberach / Riss
Notruf und Beratungsstelle – Frauen helfen Frauen e. V., Postfach 1603, Tel. (073 51) 81 51, Di 20–22 Uhr, Mi 15–17 Uhr, Fr 9–11 Uhr

4800 Bielefeld
Notruf
Tel. (05 21) 12 42 48 – Mo, Do 17–22 Uhr

5300 Bonn
Notruf c/o Nora Frauenbuchladen, Wolfstr. 30,
Tel. (02 28) 63 55 24,
Mo 17.30–19.30 Uhr,
Mi 17.30–21 Uhr, Fr 12–14 Uhr

3300 Braunschweig
Notruf und Beratungsstelle, Magnikirchstr. 4, Tel. (05 31) 4 33 02
Notruf – Mo, Do 17–20 Uhr, Beratung – Mo–Fr 9–12, 14–17 Uhr

2800 Bremen
Notruf, Im Krummen Arm 1,
Tel. (04 21) 70 17 17 –
Mo–Fr 16–18 Uhr, Di 20–22 Uhr, sonst Anrufbeantworter

2212 Brunsbüttel
Frauen helfen Frauen e. V., c/o Ingrid Pohl, Am Boßelkamp 71

8630 Coburg
Notrufgruppe Coburg, Frauenzentrum, Mohrenstr. 3

6100 Darmstadt
Notruf c/o FZ, Pallaswiesenstr. 57 a, Tel. (061 51) 29 32 06
Notruf (über Profa), Anrufbeantworter, Tel. (061 51) 4 55 11

4930 Detmold
Alraune (Treffpunkt, Beratung für Frauen), Freiligrathstr. 24,
Tel. (052 31) 201 77

2840 Diepholz
Frauen helfen Frauen e. V., c/o Marga Mittendorf, Willenberg 55 a, Tel. (054 41) 31 14

4600 Dortmund
Notruf c/o FAD, Adlerstr. 30,
Tel. (0231) 160999 – Mi ab 20 Uhr
Beratungsstelle für Frauen,
Schliepstr. 9, Tel. (0231) 521008,
Mo–Do 9–12 Uhr, Mi 17–19 Uhr

4100 Duisburg
Notruf, Junternstr. 17,
Tel. (0203) 26060

5160 Düren
Beratungsstelle – Frauen helfen
Frauen e. V., Joseph-Schregel-
Str. 52, Tel. (02421) 42992

4000 Düsseldorf
Treffpunkt Beratung für Frauen in
Not e. V., Kölner Str. 214,
Tel. (0211) 773269 – Notruf
Di 16–19 Uhr, Do 19–22 Uhr, Be-
ratung Mo, Mi, Fr 15–18 Uhr,
Do 10–13 Uhr

2970 Emden
Notruf c/o FZ, Auricher Str. 28,
Tel. (04921) 44977 –
Mo 20–22 Uhr, Mi 10–12 Uhr

8520 Erlangen
Notruf c/o FZ, Nürnberger
Str. 74, Tel. (09131) 35270 –
Mo 18–22 Uhr, Do ab 20 Uhr

4300 Essen
Notruf, Walthausener Str. 13,
Tel. (0201) 235469,
Mo 19–21 Uhr, Mi und
Fr 18–20 Uhr

7300 Esslingen (Stuttgart)
Notruf – Frauen helfen Frauen
e. V., Urbanstr. 19a,
Tel. (0711) 357212, Mo–
Fr 9–12 Uhr

6000 Frankfurt
Notruf, Hamburger Allee 45,
Tel. (069) 709494

7800 Freiburg
Notruf und Beratung für vergewaltigte Frauen und Mädchen, c/o
Frauenzentrum, Schwarz-
waldstr. 107, Tel. (0761) 33339

7990 Friedrichshafen
Notruf und Beratungsstelle –
Frauen helfen Frauen e. V., Post-
fach 1472, Tel. (07544) 5644,
Mi 16–19 Uhr

6400 Fulda
Notruf für vergewaltigte Frauen
und Mädchen, Postf. 1362,
Tel. (0661) 22121, Mo 9–11,
Do 20–22 Uhr

6300 Gießen
Notruf und Beratungsstelle, Rei-
chenberger Str. 7a,
Tel. (0641) 31438, Notruf
Mo 18–20 Uhr

2208 Glückstadt
Frauen helfen Frauen e. V., c/o
Monika Jorr, Am Fleth 61

7320 Göppingen
Frauen helfen Frauen Göppingen
e. V., Lange Str. 8,
Tel. (07161) 76969

6080 Groß-Gerau
Frauen helfen Frauen e. V., Postfach 1248, Tel. (06152) 39977

2000 Hamburg
Notruf c/o Frauenbuchladen, Bis-
marckstr. 98, HH 80,
Tel. (040) 435082 Mo–
Do 19–22 Uhr, sonst Anrufbeant-
worter
Frauenberatungsstelle Hamburg,
Oberaltenallee 8, 2 HH 76,
Tel. (040) 2202848

3250 Hameln
Notruf, Bürenstr. 9,
Tel. (05151) 25577 (od. 14856 in
dringenden Fällen), Anrufbeantworter

4700 Hamm
Verein zur Förderung des Schutzes
mißhandelter Frauen, c/o FZ,
Grünstr. 40, Tel. (02381) 26556
Frauenberatung Hamm e. V.,
Ostenwall 11, Tel. (02381) 13104,
Di 17–19, Mi u. Fr 10–12 Uhr

3000 Hannover
Notruf c/o FZ, Nieschlagstr. 28,
Tel. (0511) 452252, Mo ab 18 Uhr

2240 Heide
Notruf – Frauen helfen Frauen, c/o
FZ, Bahnhofstr. 29,
Tel. (0481) 88612

6900 Heidelberg
Notruf c/o FZ, Friedrich-Ebert-
Anlage 9, Tel. (06221) 13643 –
Mo, Mi 20–22 Uhr, Mo–
Fr 16–18 Uhr

7920 Heidenheim
Notrufgruppe: Beratung nach Ver-
gewaltigung, Tel. (07321) 22252,
Mo–Fr 9–11 Uhr

7100 Heilbronn
Frauen helfen Frauen, Postfach
1701, Tel. (07131) 84028 Notruf,
Tel. (07131) 571535 oder 76551

4900 Herford
Notruf für vergewaltigte Frauen
und Mädchen, Tel. (05221) 4777,
Fr 17–22 Uhr, sonst Anrufbeantworter

4690 Herne 2
Notruf Tel. (02325) 49875 – Mi-Sa
durchgängig

3200 Hildesheim
Beratungsstelle für Frauen, Kai-
serstr. 9, Tel. (05121) 515546,
Mo–Fr 9–12 Uhr, Mi 9–18 Uhr

8070 Ingolstadt
Notruf c/o Frauen helfen Frauen
e. V., Postfach 2263,
Tel. (0841) 33377 – Mi 19–22 Uhr,
Sa 10–1 Uhr

2210 Itzehoe
Notruf c/o Frauen in Not, Post-
fach 1354, Tel. (04821) 61712
Mo–Fr 9–17 Uhr

7500 Karlsruhe
Treffpunkt und Beratungsstelle,
Körnerstr. 10, Tel. (0721) 25446
Notruf für vergewaltigte und miß-
handelte Frauen, Tel. (0721) 25446

3500 Kassel
Notruf, Postfach 102762 od. FZ,
Goethestr. 44, Tel. (0561) 772244 –
Mo u. Mi 19–22 Uhr, sonst Anruf-
beantworter

2300 Kiel
Notruf c/o FZ, Gneisenaustr. 18,
Tel. (0431) 802361, jeden Tag
19–22 Uhr, Anrufbeantworter

2411 Klinkrade
Hilfe für Frauen in Not e. V., Kreis
Herzogtum Lauenberg, c/o Kri-
stine Köpke, Am Schäferkaten 2

5000 Köln
Notruf, Glasstr. 74,
Tel. (0221) 562035, Mo, Mi,
Fr 16–20 Uhr, Anrufbeantworter

8300 Landshut
Notruf c/o FZ, Orbanquai 4,
Tel. (0871) 24879

2058 Kreis Herzogtum Lauenburg
Hilfe für Frauen in Not,
Tel. (04151) 81306,
Mo 9.30–11.30 Uhr,
Do 20–22 Uhr

4780 Lippstadt
Frauen helfen Frauen e. V., Postfach 1526, Tel. (02941) 57530

7850 Lörrach
Notruf und Beratungsstelle –
Frauen helfen Frauen e. V., Rönt-
genstr. 3, Tel. (07621) 87105,
Di 9–12 Uhr, Fr 17–21 Uhr

7140 Ludwigsburg
Frauen helfen Frauen e. V., Postfach 372, Tel. (07141) 901170

2120 Lüneburg
Treffpunkt und Beratung – Frauen helfen Frauen e. V., Reitende Diener-Str. 3, Tel. (04131) 31810, Mo, Di, Mi, Fr 9–13 Uhr, Di 15–18 Uhr, Do 16–20 Uhr

6500 Mainz
Notruf c/o FZ, Goethestr. 38, Tel. (06131) 63676, Mo–Fr 16–20 Uhr, Di 10–12 Uhr

6800 Mannheim
Notruf für vergewaltigte und sexuell belästigte Frauen e. V., c/o Frauencafé, T 3, 1, Tel. (0621) 105590, Mi u. Fr 18–20 Uhr

3550 Marburg
Notruf c/o FZ, Renthof 18, Tel. (06421) 63570, Mo 17–20 Uhr

5750 Menden
Frauen helfen Frauen e. V., Wasserstr. 12, Tel. (02373) 18141, Mo–Sa 16–18 Uhr

4950 Minden
Frauen helfen Frauen e. V., Umradstr. 21, Tel. (0571) 20702 Frauencafé oder 28911 Beratungsstelle

4130 Moers
Notruf und Beratungsstelle – Frauen helfen Frauen e. V., Uerdinger Str. 23, Tel. (02841) 28600, Notruf Di 20–22 Uhr, Beratung Di, Mi 19–12 Uhr, Do 16–19 Uhr

7130 Mühlacker
Notruf, Klotzbergstr. 76, Tel. (07041) 5827–24 Stunden

8000 München
Notruf c/o Frauenzentrum, Güllstr. 3, Tel. (089) 763737, Mo–Fr 10–18 Uhr

4400 Münster
Notruf, Dortmunder Str. 11 HH, Tel. (0251) 665777, Mo u. Fr 18–20 Uhr, Mi 15–17 Uhr

4040 Neuss
Frauen helfen Frauen e. V., Breite Str. 115, Tel. (02101) 271378, Mo 20–22, Fr 10–12 Uhr, sonst Tel. (02101) 37612

3070 Nienburg
Notruf c/o FZ, Grefengrund, Tel. (05021) 61163, Mo 19–21 Uhr

8500 Nürnberg
Notruf und Beratung für vergewaltigte Frauen und Mädchen, Tel. (0911) 284400, Mo 10–14 Uhr, Mi, Fr 16–19 Uhr

6370 Oberursel
Notruf und Beratungsstelle – Frauen helfen Frauen e. V., Dornbachstr. 33, Tel. (06272) 25331, Mo 10–12 Uhr, Di 19–21 Uhr

6050 Offenbach
Notruf c/o FZ, Feldstr. 71, Tel. (0611) 871633
Notruf bei Pro Familia, Bismarckstr. 100, Tel. (069) 8001313, Mo–Do 10–12 Uhr, Di und Mi 16–18 Uhr

2900 Oldenburg
Notrufinitiative c/o FZ, Ziegelhofstr. 16, Tel. (0441) 882837

4500 Osnabrück
Notruf c/o FZ, Kommenderiestr. 41, Tel. (0541) 65400
Mo 18–20 Uhr, Beratungsstelle Mo, Fr 9–16 Uhr, Mi 9–13 Uhr, 16–19 Uhr

7890 Ravensburg
Notruf und Beratungsstelle – Frauen helfen Frauen e. V., Möttelinstr. 35, Tel. (0751) 23323, Anrufbeantworter mit Dienstzeiten

4350 Recklinghausen
Frauen helfen Frauen e. V., c/o
Marlies Hinsebrock, Abdinghof 2

8400 Regensburg
Notrufgruppe, Engelburgergasse
12, Tel. (0941) 57404,
Do 18–20 Uhr

5630 Remscheid-Lennep
Notruf und Beratungsstelle –
Frauen helfen Frauen e. V., Neugasse 2, Tel. (02191) 662466

6600 Saarbrücken
Notruf und Beratungsstelle –
Frauenladen, Cecilienstr. 29,
Tel. (0681) 390593,
Mo 10–12 Uhr, Mi 20–22 Uhr,
Do 17–19 Uhr, Fr 14–16 Uhr
Notrufgruppe in der Alten Feuerwache, Landwehrplatz,
Tel. (0681) 398593, Mo 10–12,
Mi 20–22, Do 17–19,
Fr 14–16 Uhr

2380 Schleswig
Notruf c/o FZ, Schleswig e. V.,
Lange Str. 36, Tel. (04621) 25544

7170 Schwäbisch Hall
Notruf bei Pro Familia,
Tel. (0791) 7384, Anrufbeantworter mit Dienstzeiten

5900 Siegen
Beratungsstelle im Frauencafé,
Porschestr. 23, Tel. (0271) 46176,
Mo 8–23 Uhr

6920 Sinsheim
Frauen helfen Frauen e. V., Postfach 345, Tel. (07261) 61415, Di
und Do 20–22 Uhr, Fr 10–12 Uhr

7000 Stuttgart
Notruf c/o FZ, Kernerstr. 31,
Tel. (0711) 296432, Di 20–22 Uhr

5500 Trier
Notruf, Eberhardstr. 26,
Tel. (0651) 76168, Mo 9–11 Uhr,
Mi 18–20 Uhr, Fr 15–18 Uhr

5210 Troisdorf
Notruf und Beratung im FZ, Kölner Str. 115, Tel. (02241) 401242

7400 Tübingen
Notruf und Beratung c/o FZ,
Haaggasse 34, Tel. (07071) 5777,
Mo 20–22 Uhr

7900 Ulm
Notruf, Küfergasse 1,
Tel. (0731) 67775, Mo 18–22 Uhr,
Di 19–22 Uhr, Mi 9–11 Uhr
Beratungsstelle – Frauen helfen
Frauen e. V., Singlerstr. 1,
Tel. (0731) 619906

7730 Villingen/Schwarzwald
Notruftelefon, Frauen helfen
Frauen e. V., Brigadestr. 15,
Tel. (07721) 4476, Mo 10–12 Uhr,
Do 20–22 Uhr

4410 Warendorf
Beratungsstelle im FZ, Milterstr. 23, Tel. (02581) 60975

6518 Weiden
Frauen helfen Frauen e. V., Kreis
Birkenfeld. c/o Ina Neubert, Am
Dreschplatz 2, Tel. (06785) 440

6940 Weinheim
Frauen helfen Frauen,
Tel. (06201) 13760

6330 Wetzlar
Notruf, Tel. (06441) 45107, Di u.
Do 19–22 Uhr

2940 Wilhelmshaven
Notrufinitiative c/o FZ, Börsenstr. 122

5600 Wuppertal
Notruf c/o Frauenberatung und
Selbsthilfe e. V., Kieselstr. 45,
Tel. (0202) 423946

8700 Würzburg
Notruf Frauen helfen Frauen e. V.,
im Frauenzentrum, Petrinistr. 15
HH

Österreich

8020 Graz
Beratung und Notruf,
Tel. (03 16) 91 25 92,
Mo–Fr 17–20 Uhr

6020 Innsbruck
Notruf für vergewaltigte Frauen,
c/o AEP, Leopoldstr. 31 a,
Tel. (0 52 22) 21 63 95
c/o Frauenhaus Innsbruck,
Tel. (09 95) 4 21 12

4020 Linz
c/o Frauenhaus Linz,
Tel. (07 32) 4 41 00

Steyr
Frau Kopp, Tel. (0 72 52) 2 23 31

Vorarlberg
Notruf, Tel. (0 55 74) 2 30 61

1040 Wien
Notruf, Rienößlgasse 17,
Tel. (02 22) 56 72 13

Quelle: Frauenkalender '87. Stand: Mai 1986

frauen aktuell

R. Arditti/R. Duelli Klein/S. Minden (Hg.)
Retortenmütter
Frauen in den Labors der Menschenzüchter (5538)

Cheryl Benard/Edit Schlaffer
Die ganz gewöhnliche Gewalt in der Ehe
Texte zu einer Soziologie von Macht und Liebe (4358)

Karin Egidi/Gislind Bürger
Das Gefühl der Befriedigung
Was Sexualforscher nicht erfassen können, sagen die Frauen selbst (4730)

Barbara Kavemann/Ingrid Lohstöter
Väter als Täter
Sexuelle Gewalt gegen Mädchen
«Erinnerungen sind wie eine Zeitbombe» (5250)

S. v. Paczensky/R. Sadrozinski (Hg.)
Die Neuen Moralisten
§ 218 – Vom leichtfertigen Umgang mit einem Jahrhundertthema (5352)

Sibylle Pflogstedt/Kathleen Bode
Übergriffe
Sexuelle Belästigung in Büros und Betrieben. Eine Dokumentation der Grünen Frauen im Bundestag (5353)

Eine Auswahl

Herausgegeben von S. v. Paczensky

Ingrid Müller-Münch
Die Frauen von Majdanek
Vom zerstörten Leben der Opfer und der Mörderinnen (4948)

Birgit Kienzle
Julie die Magd
«Ich habe nur ein Recht gehabt, keins zu haben» (5129)